T0271222

مبادئ السلوك الاجتماعي
للمجتمع المسلم والمجتمع المعاصر

تأليف

الدكتور صدام راتب دراوشه
دكتوراة أصول التربية
جامعة عمان العربية للدراسات العليا

الأستاذة أنوار سعود العبادي
ماجستير موهبة وابداع
جامعة الأميرة نورة - الرياض

دار جليس الزمان للنشر والتوزيع

شارع الملكة رانيا- مقابل كلية الزراعة-عمارة العساف-الطابق الأرضي،

هاتف:0096265343052- فاكس : 0096265356219

الطبعة الأولى

2011

المملكة الأردنية الهاشمية

رقم الإيداع لدى دائرة

المكتبة الوطنية

(2010/10/3955)

304

دراوشة، صدام راتب

مبادئ السلوك الاجتماعي للمجتمع المسلم والمجتمع المعاصر/صدام راتب دراوشة،انوار سعود العبادي

عمان : دار جليس الزمان 2010.

الواصفات: السلوك الأجتماعي

ردمك ISBN 978-9957-81-134-1

يتحمل المؤلف كامل المسؤولية القانونية عن محتوى مصنفه ولا يعبر هذا المصنف عن رأي دائرة المكتبة

الوطنية أو أي جهة حكومية أخرى

الفصل الأول

خلفيــة الدراســـة وأهميتها

مشكلـة الدراســة

أهداف الدراســـة وأسئلتـــها

أهميــــة الدراســـة

حدود الدراســـة

التعريفـــات الاصطلاحية والإجرائية

الفصـل الأول

خلفيـة الدراسـة وأهميتها

المقدمـة

لقد مارس الإنسان التربية منذ بداية وجوده في هذا الكون، وسيبقى يمارس التربية إلى أن يرث اللـه الأرض ومن عليها، فهي خاصية انفرد بها بنو البشر عن غيرهم مـن المخلوقات إلا أن مفهوم التربية تباين بتباين المجتمعات والحضارات البشرية عبر التاريخ، حيث عكست التربية نظرتها للإنسان والكون والحياة في أهـدافها وأغراضها ووظائفهـا، إلى أن أصبحت في يومنا هذا وفي ظل عصر انتشرت فيه الصـراعات والتحـولات السـريعة في القضايا الجوهرية التي تشغل بال المجتمع البشري على كافة المجالات، فالتربية هـي الأداة الأساسية التـي تلجأ إليها المجتمعات المعاصرة لبناء شخصية الإنسان الـذي يسـتطيع أن يتـأقلم مع روح العصر ـ وتطوراته المستمرة.

ولقد شاء الحق سبحانه وتعالى أن يخلق الإنس والجن دون سائر المخلوقات لعبادته، لذلك وهب الإنسان حرية الاختيار في تحديد معتقداته وأفكاره بعد أن بين له سبحانه وتعالى سبيل الحق وطرق الضلالة، عن طريق كتبه ورسله صـلوات اللـه وسلامه علـيهم جميعـا، حيث إن هذا الخلق التشريعي للإنسان جعله يتميز عن سائر المخلوقات بعدة صفات منها: فطرة الإنسان على دين التوحيد، وحرية الاختيار بين طريق الخـير وبـين طريق الشرـ وحب الشهوات، وتركيب الإنسان وما يحتوي عليه من جانبي الفجـور والتقـوى، وتقرير الاختبـار على الإنسان في الحياة الدنيا والمثول للحساب في اليوم الآخر بناء على ما قدم الإنسان لنفسـه في الحياة الآخرة . (الحيارى، 2001).

وارتبطت التربية بالإنسان منذ أول وجود له، وستبقى التربية ملازمة للإنسان ما بقيت الحياة، وابتداء التعليم والتربية مع الإنسان كانت منذ أن وجد الإنسان حيث تولى الله سبحانه وتعالى تعليمه وبدأ هذا التعليم مع الإنسان في الجنة في عالم الغيب فقد علم الله سبحانه وتعالى آدم مسميات الأشياء علمه ما لم يكن يعلم(وعلم آدم الأسماء كلها ثم عرضهم على الملائكة فقال أنبئوني بأسماء هؤلاء إن كنتم صادقين (31) قالوا سبحانك لا علم لنا إلا ما علمتنا إنك أنت العليم الحكيم (32) قال يا آدم أنبئهم بأسمائهم فلما أنبأهم بأسمائهم قال ألم أقل لكم إني أعلم غيب السماوات والأرض وأعلم ما تبدون وما كنتم تكتمون)[البقرة: 30-32]. وبهذا كانت هناك تربية إلهية من عند الله، وتربية بشرية وضعها البشر.

ويقول الجمالي نقلا عن الظهيرات (2000،ص83): "فما ميز آدم وجعل الملائكة يسجدون له إلا قابليته للتعلم ثم حصوله على العلم الذي وهبه الله إياه، ولم يحصل عليه الملائكة وهكذا علم الله سبحانه وتعالى آدم عليه السلام و زوده قبل أن ينزل إلى الأرض، بما يحتاجه في الحياة الدنيا حتى يوفي بالعهد والعبادة والخلافة والأمانة والعمارة في الأرض ".

فأصول التربية كانت مرافقة لسيدنا ادم عليه السلام ومارسها من بعده أبنائه قابيل وهابيل.

"وبعد نزول آدم وزوجه إلى الأرض أخذا يتعلمان ويدرسان ما حولهما بما وهبهما الله لهم من قدرات السمع والبصر والحواس المختلفة، وقوة التفكير والعقل, وحب الاستطلاع، ولما رزقا بالأولاد استمر هذا الأسلوب

للتعلم معهم جميعا، وظل اللـه رب العـالمين يعلـم الإنسـان مـا لم يعلمـه، بعلمـه مـا يشـاء "(النحوي، 2000, 70).

وقد حاول الإنسان منذ فجر تاريخه أن يعي مكنونات القضايا المتصلة بذاته، سواء المتصلة بطبيعة النفس الإنسانية أم المتصلة بالوجود بجانبيه الفيزيقي والميتـافيزيقي، وكـما نعلم جميعا أن الإنسان كائن غائي، أي تحركه الغاية التي ينشدها باستمرار، فهو لا يقوم بـأي عمل إلا من أجل غاية معينة، فاختلاف الغايات والأهداف عند الأفراد والمجتمعات الإنسـانية يعود إلى التعددية في فهم الإنسان للكون، والحياة الدنيا، وطبيعة الـذات الإنسـانية ومكانتهـا في الكون، وما يتصل بهذه القضايا الوجودية مـن موضـوعات أساسية تعكس ذاتها في كافة الحلقات التربوية للإنسان (الحياري، 1994)

وحاول قسم من الناس أن يعي المسائل الوجودية عـن طريـق الأنبيـاء والرسـل ومـا أبلغوه للبشر من رسالات الحق سبحانه وتعالى بجانب قدراتهم الذاتيـة في البحـث والتحليـل والتأمل للمسائل التي تناولتها رسالات اللـه سبحانه وتعالى، وهناك قسم مـن النـاس ذهبـوا إلى البحث والدراسة والتحليل حول كافة القضايا الوجودية معتمـدين عـلى قـدراتهم الذاتيـة فقط.(ناصر، 2004).

ومن خـلال خـوض الإنسان في القضايا الوجودية وسـلوكه طريـق التحليـل والبحـث والدراسة أرشده ذلك إلى معرفة سبل وطرق التربية.

فعرف الإنسان التربية واستخدمها في تحقيق أهدافه وغاياته منذ فجر تاريخه قبـل أن يعرف القراءة والكتابة. ولقد كانـت التربية في العصور الأولى في حيـاة الإنسان تأخـذ طابع التقليد، والمحاكاة والممارسة عن طريق الصواب

والخطأ، لقد كانت تمارس هذه العمليات التربوية لتأهيل أفراد المجتمع بالمهارات والخبرات والمعتقدات الاجتماعية السائدة حول المسائل الوجودية، وعلى هذا النهج التربوي كانت المجتمعات البشرية وما زالت تسعى إلى تحقيق أهدافها الاجتماعية والاقتصادية، والسياسية، وفق مفهوم كل مجتمع للمسائل الوجودية وما تشكل عنها من معتقدات تختلف من مجتمع إلى آخر (أبو رزق، 1998).

تطورت عناصر التربية وأهدافها من عهد إلى أخر لتناسب التقدم التكنولوجي والحضاري الإنساني، وتحقيق أهداف الافراد المتجددة التي يسعى إلى توظيفها في حياته العملية ومع المجتمع الذي يعيش بين جنباته.

وبذلك تكون التربية عملية اجتماعية تعنى بتطبيع أفراد المجتمع على مستوى معين من الخلق والسلوك، وتكسبه المهارات في مختلف أنواع السلوك والخبرات العملية، لهذا فأنها تختلف من مجتمع إلى مجتمع، تبعا للظروف الخاصة بكل مجتمع فما يناسب المجتمع الغربي في النظام الكلي للتربية، لا يناسب المجتمع الإسلامي، إذ أن التربية ذات ارتباط وثيق بالثقافة والسلوك السائدين في المجتمع، والثقافة هي الأفكار والمعتقدات والعادات والقيم وأساليب التفكير والعمل وأنماط السلوك في حياة الناس، حيث تترك الثقافة بصماتها على جميع أفراد المجتمع بصور متفاوتة. (القاضي ويالجن، 1981). وهي تعد قوة هامة للتطبيع الاجتماعي للصغار، أي إكسابهم الصفة الاجتماعية عن طريق تزويدهم بخصائص ثقافة مجتمعهم أي طريقة الحياة فيه, وهناك مفكرين أمثال دوركيم من الذين أكدوا تلك الناحية الهامة أضافوا لآرائهم عن دور التربية في عملية التطبيع الاجتماعي دورا هاما في غرس

عادات التفكير التي تلقى قبولا من لدن المجتمع ,ولكن عملية التطبيع الاجتماعي ينظر إليها كظاهرة تتضمن أكثر من مجرد إحداث نواحي تكيف عاطفية ومن تعميق معايير للسلوك الاجتماعي لدى الطفل. (ياسين,1979).

وكان هدف التربية الأسمى عبر العصور هو تنمية جميع جوانب شخصية الفرد، وتمكينه من تحقيق أهدافه داخل المجتمع حتى يصبح كائن اجتماعي يؤثر ويتأثر بهذا المجتمع الذي هو جزء منه، ومن خلال تطور أنظمة المجتمعات ومبادئها، وأصبح لكل مجتمع فلسفة تميزه عن غيره من المجتمعات من خلال نظرته للأسس والمبادئ الاعتقادية.

وأصبح لكل مجتمع من المجتمعات فلسفة تربوية واجتماعية، حيث تتشكل هذه الفلسفة من خلال تصوراتها حول القضايا الفيزيقية والميتافيزيقية، فالمجتمع الصيني مثلا له فلسفته الاجتماعية الخاصة به، والمجتمع الأمريكي كذلك، وهكذا في كل المجتمعات قديما وحديثا التزمت بمبادئ السلوك وفق مفاهيم تؤمن بها حول مفهوم الخالق سبحانه وتعالى والكون والإنسان والحياة وبذلك تختلف المجتمعات والفلسفات في تحديد نظرتها ومفهومها حول هذه القضايا مما نتج عنه اختلاف مبادئ السلوك الاجتماعي المنبثقة من هذه الأسس والمبادئ الفكرية (بني خلف، 2005).

" وانعكس ذلك على نظرة كل مجتمع وفق فلسفة خاصة به حول أسس التربية كالأساس الفكري، والأساس النفسي، والأساس الاجتماعي، والأساس المعرفي، وأصبح لكل مجتمع فلسفته الخاصة به كالمثالية والواقعية والبرجماتية والطبيعية ونظرة كل فلسفة إلى هذه الأسس، فتلاحظ المثالية

ترتبط بنموذج الفكر الفلسفي المثالي من خلال الفلاسفة اليونانيين أمثال سقراط وأفلاطون قديما , وبركلي وكان وهيجل وبكروتشه وجبتلي , ويتفق فلاسفة المثالية على أن وجود الأشياء يتوقف على وجود القوى التي تدركها " (التل و آخرون , 1993، ص254).

ويلاحظ الباحث أن أي تعارض وتضارب وجهات النظر بين أفراد المجتمع يكون وفق الطرق والوسائل والأساليب المجتمعية وليس وفق المعتقدات الأولية في المسائل الوجودية.

"إن من الشائع جدا في حياة المجتمعات البشرية أن تنبثق الأسس التربوية وغاياتها من فلسفة المجتمع الذي يود تحقيق غاياته وأهدافه بصورة دقيقة وفاعلية عالية كما أنه لا يعقل أن يتقدم مجتمع نحو تحقيق أهدافه وغاياته في ضوء أسس تربوية تتعارض مع معتقدات وأفكار ذلك المجتمع حول المسائل الكونية، لأن هذا التعارض سوف يؤدي إلى إثارة النزاعات وتجذير قواعد الاختلافات بين أبناء المجتمع حول المنطلقات الأولى في فهم الوجود وأسراره مما يؤدي بالتالي إلى زرع بذور الانقسامات الفئوية داخل المجتمع مما يحول دون تقدمه وازدهاره؛ لأن الاختلاف الطبيعي في داخل المجتمع الواحد يكون حول الطرق والأساليب وليس حول المعتقدات الأولية في المسائل الوجودية، فمن الطبيعي أنئذ أن تؤسس المبادئ التربوية وغايتها في ضوء المعتقدات الفكرية والفلسفية لأبناء المجتمع الواحد، وفي ضوء ذلك فالمجتمع لا يعتقد أفراده إلا بالمعطيات المادية المتصلة بعالم الحس دون الاعتقاد بالمسائل المتعلقة بعالم الغيب فتكون تربية أبناء هذا المجتمع قد أسست على قواعد وأسس تربوية تسعى إلى تحقيق غايات وأهداف تتصل فقط بعالم الحس، أي الحياة الدنيا فتكون فلسفة

التربية في هذه الحالة تطبيقا للمفاهيم الفلسفية لأبناء المجتمع على أرض الواقع، وفي المقابل إذا عطفنا بنظرنا إلى مجتمع آخر يعتقد أفراده بالمسائل الوجودية المتصلة بعالم الحس وعالم الغيب، فإن التربية في هذه المجتمع سوف يؤسس بنيانها على قواعد وأطر مختلفة للحالة الأولى، ولكي تنسجم فلسفة التربية مع الفلسفة العامة لأبناء المجتمع، فإن فلسفة التربية تعد الانعكاس الطبيعي التطبيقي للفلسفة العامة "(التل وآخرون، 1993،ص205).

فتنطلق نظرة أفراد المجتمع إلى القضايا الوجودية من خلال الفلسفة التي يستمدها من نظامه التربوي والفكري والاجتماعي، وفقدان أي عنصر من هذا النظام ألاعتقادي يؤدي إلى انحراف المجتمع عن مبادئه السلوكية المجتمعية.

" إن من أهم وأخطر المشاكل التي تواجه ميدان التربية في أي مجتمع، فقدان الميدان التربوي للقاعدة الأساسية التي تمثل الأسس الفكرية والأطر الفلسفية المنبثقة عن الفلسفة العامة للمجتمع، هذا مع العلم أن جميع الأسس والأطر الفلسفية يجب أن تكون واضحة المعالم والاتجاهات بكافة فئات المجتمع بشكل عام ولأبناء التربية والتعليم بشكل خاص، حتى يتسنى لهم صياغة الأهداف التربوية العليا لأبناء المجتمع التي تعد بمثابة الغايات والأهداف العامة لجميع معتنقي تلك الفلسفة أو الفكر، وفي ضوء هذا التخطيط الفكري السليم تكون الطموحات والأهداف التربوية العليا بمثابة الغايات العامة التي تسعى جميع الفئات المشتركة في العملية التربوية إلى تحقيقها بكافة الوسائل والأساليب المتاحة، وبهذا المفهوم للتخطيط التربوي تصبح المؤسسات العلمية والتربوية المكان المناسب لبذل الجهود المشتركة لتحقيق الأهداف التي تمثل جميع قطاعات الشعب. بينما في حالة غياب الأسس والأطر الفلسفية للتربية في حالة وجود

أسس وأطر غير واضحة المعالم والاتجاهات حيث التناقض والتضارب الواضح بين تلك الأسس، فإن هذا الخلل الجسيم يؤدي إلى وجود عملية تربوية يكون طابعها الظاهري الصالح العام، أما واقعها فيكون منتدى للصراع الأيديولوجي حيث يسعى كل فرد أو ثلة إلى تحقيق أهدافهم وغاياتهم على حساب الأهداف العامة للمؤسسات التربوية والغايات العامة لأبناء المجتمع "(الحياري، 2004،ص180).

فنتيجة للاختلاف حول آراء الإنسان حول أهم القضايا وأقدسها على الإطلاق وهي: الذات الإلهية، وطبيعة الكون، وعلاقة الفرد بالمجتمع، وطبيعة الإنسان والتي تعكس جميعها آثارا واسعة النطاق على مجريات الحياة الإنسانية في الحياة الدنيا وفي الآخرة، فقد كان لهذا الاختلاف حول القضايا الوجودية أثرا مباشرا وقويا في الاختلافات حول ماهية التربية وغرضها، ونتيجة لتعدد المدارس الفكرية والفلسفية، تعددت المدارس التربوية فمن ينظر في أسماء مدارس فلسفة التربية يجد أنها ذات المدارس الفكرية التي تحدث عنها الفلاسفة، فهناك فلسفة مثالية، وهناك أيضا فلسفة واقعية وبرجماتية وطبيعية... وهكذا (عبد الله، 1986).

فتعددت المدارس الفلسفية نظرا لتعدد أفكار وفلسفة المجتمعات وتطورها وتغيرها من حين إلى أخر حتى أصبح لكل مجتمع مدرسة يتبنى مبادئها وأهدافها.

وبالرغم من تعدد المدارس الفكرية والفلسفية، واختلاف مبادئها وأهدافها، إلا أن الأصول التي بنيت عليها هذه المدارس لا تتعدى أن تكون أصولا الهية المنبع وإنما هي أصولا ذات منبع بشري، بينما تمثل المدرسة

الإسلامية الخالدة، المصدر الإلهي للفكر التربوي. (أبو جلالة والعبادي، 2001).

فتعدد المدارس الفلسفية ومصدرها الأساسي البشر، كانت في المقابل هناك المدرسة الإسلامية صاحبة المصدر الإلهي، ومنبعها القران الكريم والسنة النبوية الشريفة.

وقد ترتب على ذلك أن المبادئ الأساسية للتربية، وأهدافها العامة في ضوء المدرسة الإسلامية، تختلف عنها في ضوء المدارس الفكرية الأخرى، هذا بجانب الاختلافات الجوهرية بين المدارس الفكرية والفلسفية فيما بينها حول مبادئ التربية وأهدافها على حد تعبير الحياري (1993) الذي أشار إلى أن الاختلاف في المبادئ العامة، والأهداف العامة للتربية من مدرسة إلى أخرى يؤدي تلقائيا إلى الاختلاف في المناهج التدريسية التربوية والأنماط السلوكية داخل المؤسسات التعليمية وخارجها.

وهكذا فقد كانت التربية الإسلامية، ذات المصدر الإلهي أول تربية تعرض لهذا الإنسان منذ أول وجوده، وهذه التربية التي بدأت مع بداية الوجود الإنساني، لم تنته بنهاية جماعة أو قرب أو أمة، وإنما هي تربية خالدة هدفها تعريف الإنسان بحقيقة التصور الإسلامي لكل ما قد يشغل ذهنه من أفكار حول القضايا الأساسية وهي الذات الآلهية وطبيعة الكون، وطبيعة الإنسان، وعلاقة الفرد بالجماعة، وهي التربية الإلهية من عند الله تعالى. (محروس، 2005)، فاستمرت التربية الإسلامية مع الإنسان، من خلال الأنبياء والمرسلين الذين بعثهم الله سبحانه وتعالى عندما أخذ بعض الناس ينحرفون عن الإيمان والتوحيد وزادت الفتنة والانحراف حتى كان الكفر

البواح فبعث الله الأنبياء والمرسلين لدعوة الناس وتعليمهم وتربيتهم، حيث دعوا جميعا إلى توحيد الله تعالى، وإلى اتخاذ الدين الإلهي موجها للفكر والسلوك، (ملحم,2003) واختتمت الرسالات السماوية برسالة سيدنا محمد عليه الصلاة والسلام، وباكتمال رسالته اكتمل الدين الإسلامي عقيدة وشريعة، قال تعالى:

(حرمت عليكم الميتة والدم ولحم الخنزير وما أهل لغير الله به والمنخنقة والموقوذة والمتردية والنطيحة وما أكل السبع إلا ما ذكيتم وما ذبح على النصب وأن تستقسموا بالأزلام ذلكم فسق اليوم يئس الذين كفروا من دينكم فلا تخشوهم واخشون اليوم أكملت لكم دينكم وأتممت عليكم نعمتي ورضيت لكم الإسلام دينا فمن اضطر في مخمصة غير متجانف لإثم فإن الله غفور رحيم)

[المائدة:3].

وجاء الإسلام بنظامه الفكري المميز واهتم بعلاقة الفرد والجماعة وفق أسس ومبادئ يسؤدها روح القيم الأصيلة داخل حدود المجتمع المسلم، فأعطى حقوقا وواجبات لكلاهما حتى يكون مجتمع مثالي ويجعل للفرد شخصية متكاملة وفق مبادئه السلوكية الإسلامية.

فمبادئ السلوك الاجتماعي للمجتمع المسلم تقوم على السلوكيات التي يقوم بها الأفراد في المجتمع من خلال التربية الإسلامية التي قامت بتهذيب الشخصية الإسلامية وسقلها في إطار من التعاون والود والتراحم والتعاطف والمحبة بين الأفراد داخل المجتمع المسلم.

لذا نرى أن الإسلام يعد الفرد المسلم ليكون كائنا اجتماعيا يتكيف مع غيره من أفراد المجتمع، ويأتلف معهم ما داموا سائرين حسب التوجيه

الإسلامي وقيمه ومبادئه فقد جعل الله الخلق شعوبا وقبائل ليتعارفوا ويتحملون المسؤولية في مجتمعاتهم ولذلك يكون العقاب عاما للجميع إذا انحرف عما أراد له من الخير (بني عامر، 1996).

كما أن الإسلام يربي الفرد المسلم على رفض الخطأ ويوجب عليه التغيير فهو يجعل من التربية السليمة وسيلة للتغيير الاجتماعي، وهو تغير شامل لجميع المجالات، بل يحاسب المقصر ولا يقبل الأعذار بالضعف ولا سطوة الفساد (النحلاوي,1997) وقال تعالى(إن الذين توفاهم الملائكة ظالمي أنفسهم قالوا فيم كنتم قالوا كنا مستضعفين في الأرض قالوا ألم تكن أرض الله واسعة فتهاجروا فيها فأولئك مأواهم جهنم وساءت مصيرا)[النساء:97].

كما أرسى الإسلام مبادئ الحياة الاجتماعية الإنسانية القائمة على التعاون والإخلاص والعدل والمساواة، وتكون المساواة أمام القانون، لأن الناس متساوون من حيث المبدأ أمام الله الذي أنزل القانون والتشريع (الأسمر، 1997).

وقد رتب الله سبحانه وتعالى سننا اجتماعية لحياة البشر، وأرسل على أساسها الرسل، وعذب الأمم، وأهلك بعضها، ورتب آجالها، وجعل التغيير يتم بيد البشر وقال تعالى(له معقبات من بين يديه ومن خلفه يحفظونه من أمر الله إن الله لا يغير ما بقوم حتى يغيروا ما بأنفسهم وإذا أراد الله بقوم سوءا فلا مرد له وما لهم من دونه من وال)[الرعد: 11].

فنلاحظ أن التربية في المجتمع المسلم جاءت لتحقيق أهداف مرسومة ومرجوة للإفراد ضمن قانون الهي ومنبها الكتاب والسنة، وليس من فكر البشر.

وفي ضوء هذا الفهم للتربية فلا يجوز بأية حال من الأحوال المقارنة بين التربية المبرمجة لتحقيق أهداف تربوية في المجتمع المسلم والتربية المبرمجة لتحقيق أهداف تربوية في المجتمعات المادية للتفاوت الكبير بين هذه المجتمعات والمجتمع الإسلامي في الفهم الدقيق للحياة الدنيا وما يعكسه هذا الفهم من مفاهيم وتصورات في أذهان أبناء المجتمع تؤدي إلى ولادة وصياغة أهدافهم الفردية والجماعية، هذا بجانب الإطار الفكري والاجتماعي العام للمنهج الإلهي وما يعكسه من أنماط سلوكية وفكرية عند أبناء المجتمع المسلم، فالأهداف التربوية التي يسعى المجتمع المسلم لتحقيقها تتصل بدرجة عالية بالفهم الإسلامي الدقيق للحياة الدنيا وقدرها المحدد من الوجود بشكله العام، لذلك فان الأهداف التربوية لهذا المجتمع الرسالي لا تنحصر فقط في الحياة الدنيا وما يجري داخل إطارها كما يحدث في ضوء الأطر الفكرية الأخرى، بل تشمل طموحات وغايات أبناء المجتمع المتصلة بدار السلام والخلود التي وعد الله بها عباده المتقين" (الحياري،2001،ص203).

فالإسلام بمبادئه يمثل نظاما حياتيا شاملا للإنسان في مجتمع مسلم، وإن هذه النظريات والأفكار الإسلامية تمثل التكامل والتناسق مع بعضها بعضا ولا يجوز عليها التجزئة لأنها جميعا تنبثق من مصدر واحد أو تتفق معه وهو النهج الإلهي المنير، لذلك لا بد من وجود المجتمع المسلم الذي يطبق النهج الإسلامي في كافة جوانبه المتعددة أولا ثم يتم بعد ذلك البحث والتنقيب

لإيجاد الحلول لأي مشكلة قد تنشأ في المجتمع المسلم الفاضل، أما أن نقضي الوقت الطويل في البحث عن الحلول الإسلامية الجزئية لمجتمعات لا تطبق النهج الإسلامي في سائر أمورها الحياتية، فهذا يمثل التخبط وعدم وضوح الرؤية بجانب تضييع الوقت الذي أمرنا باستخدامه بما يرضي الله سبحانه وتعالى (علي، 1982).

فاستطاع المسلمين بقيادة رسولنا الكريم الأمين أن يبرزوا تربيتهم بأحسن حال للمجتمعات الأخرى، داخل حدود المجتمع المسلم.

"فرسولنا الكريم وصحبه الأبرار استطاعوا بالفكر الإسلامي أن يكونوا خير أمة أخرجت للناس، يأمرون بالمعروف وينهون عن المنكر، وذلك يعود إلى مسيرتهم الصادقة السليمة في ضوء الإسلام، ففي الوقت الذي كانوا فيه يرسون دعائم الإسلام في الأرض، كانوا يطلبون تحقيق أهدافهم الدنيوية بكافة الوسائل المعروفة لديهم في ذلك الزمن بما ينسجم مع الفكر الإسلامي، وقد ظهر ذلك في كافة أمورهم المدنية والعسكرية والاجتماعية بصورة منقطعة النظير في الانسجام بين طلبات الدنيا وأهداف الآخرة، وما رافقه من فهم سديد للفكر الإسلامي وما يعكسه هذا الفكر على الأمور المتعلقة بالحياة الدنيا والأمور المتعلقة بالآخرة، وقد مضت الصورة المشرقة في المجتمع المسلم، وكان أهم ما يميز ذلك المجتمع من غيره من المجتمعات إن المجتمع الإسلامي تسري بين جنباته وداخل مؤسساته أنماطا تربوية مميزة وشجت وأسست على مفاهيم خاصة للإنسان والكون الفيزيقي والميتافيزيقي، والفهم الدقيق السائد للحياة الدنيا حيث شكلت هذه المفاهيم الحقيقية أنماطا سلوكية خاصة يتميز بها أفراد المجتمع الإسلامي عن غيرهم من البشر، فالقرآن الحكيم وسنة نبينا

الكريم يمثلان المصدر الرئيسي للتربية العامة في المجتمع الإسلامي وكل ما يتصل بهذه التربية من أهداف عامة. ومناهج أسست على علم شامل ودقيق غير قابلة للشك والفساد والتجديد لأنها صالحة لكل زمان ومكان." (الحياري، 1994،ص220).

وجاء الإسلام بفكر وسلوك مثاليين بكافة الوسائل والأساليب والمبادئ التربوية التي تجعل من المجتمع المسلم له القيمة الفضلى بين المجتمعات.

وأشار الحياري (2001) إلى أن الإسلام بقي هو المحور الأساسي الذي يدور حوله الولاء والانتماء للمجتمع والانتماء للإسلام لا يقتصر على الإعلان والشعار، وإنما يقتضي العمل بالشعائر، لذلك تخلي الفرد عن أمر من أوامر الشرع أو ارتكابه لأي من النواهي الكبرى التي نهى عنها يوقف انتمائه لهذا المجتمع، إلا إذا تاب ورجع عنها، ومن هنا تعددت الصورة الواقعية للمجتمع المسلم، منها الصورة المثالية سالفة الذكر تتطابق مع الشرع الإسلامي، كما حدث في عهد الرسول صلي الله عليه وسلم، ثم أخذت الصورة المثالية المتكاملة للمجتمع المسلم تتراجع عن طريق بعض التنازلات عن الالتزام بالأصل بمقتل سيدنا عثمان وما سبقها من أحداث من بعض الأحداث المؤسفة التي أدت إلى ظهور الخلافات الحادة في المجتمع المسلم، وقد وصف لنا الإمام علي بن أبي طالب حالة المسلمين عندما انثالوا عليه ليقبل منهم البيعة عليه السلام " دعوني والتمسوا غيري فإنا مستقبلون أمرا له وجوه وألوان، لا تقوم له القلوب ولا تثبت عليه العقول، وإن الآفاق قد أغامت والمحجة قد تنكرت، واعلموا أني إن أجبتكم ركبت بكم ما أعلم ولم أصغ إلى قول القائل وعتب العاتب، وإن تركتموني فأنا كأحدكم ولعلي أسمعكم

وأطوعكم لمن وليتموه أمركم، وأنا لكم وزيرا خيرا لكم مني أميرا " (الحياري، 1994).

وبعد وفاة النبي صلى الله عليه وسلم انقسم المسلمون على أنفسهم وأصبح لكل جماعة من المسلمين فلسفتهم واهدافهم وظهر هناك الانقسامات والمنازعات بين المسلمين.

لذلك ونتيجة لبعض المخالفات للإسلام وروحه للقرآن الكريم وآياته وللسنة النبوية المطهرة ومدلولاتها مما جعل التخبط واضحا جليا في المجتمعات الإسلامية عبر التاريخ بين الشعار الإسلامي المرفوع، والممارسات اليومية في شتى ميادين الحياة لمختلف فئات المجتمع، وما صاحب ذلك من الدس والوضع في سيرة نبينا الطاهرة، وإخراج الأحاديث النبوية عن معانيها النبيلة للوصول إلى أهداف شهوية، حتى ألف المسلمون على مر الأيام أمورا في شتى أمورهم الحياتية تخالف النهج الإسلامي المنير فوجدوا أنفسهم في وضع لا يحسدون عليه من التخلف والتبعية والانقسام والفوضى الفكرية التي تعج وتموج في أذهانهم ليشكلوا بذلك أسوأ نموذج إنساني عن الإسلام الذي مسخ في أذهان غير المسلمين بسبب الانحرافات الحادة والتناقضات العجيبة، والشهوات المفرطة، والدكتاتورية المطلقة التي تفوح بنسائمها المجتمعات الإسلامية، هذا بجانب الأحداث المفجعة المخجلة التي تحدث بين الفينة والأخرى بين المسلمين، حيث القتل، والتعذيب، والتشريد، والظلم والاستبداد وإطلاق الشهوات ... (الرشدان، 2004).

فجاء الإسلام وعمل على تهذيب شخصية الفرد والعمل على تحفيزه بكل الدوافع لجعل سلوكه الاجتماعي نابع من عقيدته وفلسفته.

"أن السلوك الاجتماعي للفرد وأساليب تكيفه تعتبر ذات أهمية في التكيف الشخصي لديه وفي نجاح العلاقات الاجتماعية "(ايوب، 2002،ص70).

والسلوك الاجتماعي يدخل ضمن اتجاهات متعددة من خلال الأسرة والمدرسة والمجتمع المحلي ودور العبادة فهو يتضمن جميع ما يصدر عن الإنسان من قول أو عمل.

وان السلوك الاجتماعي الايجابي للطلاب يؤدي إلى سلوك ايجابي من قبل المعلمين ومن المعروف ان السلوك غير الملائم داخل غرفة الصف يؤدي إلى استجابات سلبية من المعلمين، وان الأفراد الذين يظهرون مهارات تعامل ملائمة لبيئة اجتماعية ما يطلق عليهم المتوافقون اجتماعيا او المتكيفون جيدا، وعندما تكون هذه المهارات قابلة للانتقال الى مواقف اخرى فان مهاراتهم الاجتماعية تعزز بصورة اكبر، فقد وجد بان الطلاب الذين يتعلمون استخدام مهارات اجتماعية مناسبة في المدارس، هم الأكثر ميلا لاستخدام استجابات مماثلة عندما يواجهون نفس الظروف في مواقف أخرى في المستقبل (الزبيدي، 1995).

"والسلوك الاجتماعي الايجابي للأفراد هو محصلة ثمانية عوامل أساسية بعضها شخصي-والأخر اجتماعي، وتتفاعل هذه العوامل مع بعضها البعض لتعطي في النهاية السلوك الاجتماعي الايجابي وهي :السيادة الاجتماعية، والمسؤولية الاجتماعية، والكفاية الذاتية، والجاذبية الشخصية، والإحساس بالأمن الشخصي، والسيطرة، والدفء الاجتماعي "(ابراهيم، 1995،ص54).

ومنذ نشأت الأردن عام 1921م وهو جاد في عملية التطوير التربوي، لتحقيق أهدافه وتطلعاته من خلال وضع الأنظمة التربوية لبناء الإنسان المؤمن بالله تعالى، المحب لوطنه وأرضه، المنتمي لأمته العربية، الملتزم بتراثه الإسلامي، المدرك لحقوقه وواجباته، القادر على الإنتاج، وتنمية نفسه ومجتمعه (ناصر، 1990م).

حيث تطرق الباحث إلى مبادئ السلوك الاجتماعي للمجتمع الإسلامي الحنيف وقيمه وأخلاقه، وما ينتشر بين جنباته من مبادئ الإحسان والعدل والمساواة والتقوى والتواضع، ومن هنا برزت لدى الباحث حاجة ملحة للبحث في مبادئ السلوك الاجتماعي الإسلامي للمجتمع المسلم في ضوء القرآن الكريم والسنة النبوية المبنية للآيات الحكيمة. والكشف عن مبادئ السلوك الاجتماعي السائدة في المجتمع الأردني على اعتبار أنه مجتمع مسلم وما يجري بين جنباته من قيم إسلامية سمحة من خلال ضرورة تطبيق هذه المبادئ التي نادئ بها المجتمع الإسلامي لذلك جاءت هذه الدراسة لتبين مبادئ المجتمع الإسلامي ودرجة التزام المجتمع الأردني بها.

حيث كانت لكل مجتمع فلسفة تربوية واجتماعية تميزه عن بقية المجتمعات وانعكس ذلك على فكره ومبادئ سلوكه الاجتماعي وهذا ما يريد الباحث بيانه للقارئ الكريم.

مشكلة الدراسة

يبدي غالبية الأفراد اليوم اهتماما بأنفسهم ومصالحهم الشخصية أولا وقبل كل شي، ويقللون في نفس الوقت من أهمية العلاقات والارتباطات الاجتماعية، ومن فكرة التضحية من اجل صالح الجماعة والمجتمع، ولو تلفتنا حولنا لشاهدنا تباينا وتنوعا كبيرا في سلوكيات المحيطيين بنا فهناك من يعطي لغيره عن طيب قلب وخاطر دونما أن يتوقع مكافأة على فعله، وهناك من يعطي مقابل أن يأخذ وهناك من يرفض أن يعطي، كل ذلك يبرر مشكلة الدراسة، بالإضافة إلى ما شعر به الباحث أثناء دراسته للسلوك الاجتماعي للأفراد في المجتمع الأردني، والمعاكسات والتناقضات في السلوكيات الصادرة عن الأفراد، وضرورة الاهتمام بدراسة السلوك الفعلي للأفراد، ولذا فإن مشكلة هذه الدراسة تتحدد في بيان المبادئ السلوكية الاجتماعية للمجتمع في ضوء القرآن الكريم والسنة المبينة للآيات وبيان مدى التزام شرائح من المجتمع الأردني بها.

أهمية الدراسة

تعود أهمية الدراسة إلى قيامها بدراسة مبادئ السلوك الاجتماعي للمجتمع المسلم في القران الكريم والسنة النبوية ومدى التزام شرائح من المجتمع الأردني بها، وتفاعلات الأفراد مع بعضهم البعض في مدى التزام الأفراد بهذه المبادئ السلوكية الاجتماعية في الموسسات المذكورة، كما تحاول الدراسة بيان مدى الالتزام بمبادئ السلوك الاجتماعي من الأفراد في المجتمع الأردني، وبالتالي يفيد ما تتوصل إليه الدراسة من نتائج القائمين على العمل

في المؤسسات التربوية والاجتماعية والصحية والأكاديمية والمجتمع المحلي والشرائح المختلفة في المجتمع الاردني.

فإن أبرز المشكلات التي تواجه التربية في المجتمعات الإسلامية بروز ظواهر سلوكية بعيدة عن المبادئ السلوكية المنبثقة من الخطاب الإلهي، مثل ظاهرة الغش وانعدام الثقة وعدم إتقان العمل وعدم الأمانة، وانحراف السلوك وسوء العلاقة بين أفراد المجتمع المسلم واهتزاز القيم الاجتماعية والمعاناة من مشكلات نفسية ومشكلات اجتماعية كفقدان الهوية وممارسة العنف والمخدرات وجنوح الأحداث، والتناقضات الفكرية والتنازع العرقي والقيمي.

لذلك كانت هناك ضرورة ملحة لدى الباحث للكشف عن مبادئ السلوك الاجتماعي في القرآن الكريم والسنة النبوية المبنية للآيات ومدى التزام شرائح من المجتمع الأردني بها، لتقديم نموذج واضح حول هذه المبادئ السلوكية الإسلامية المرتبطة بالفرد وعلاقته بالآخرين، والمرتبطة بالأسرة والمجتمع، مما يسهم في وضوح الرؤيا حول مبادئ السلوك الاجتماعي للأفراد في جميع جوانب حياتهم المختلفة، وتكون بمثابة الموجه والهادي لمسيرة التربية الإسلامية.

إن هذه الدراسة هي محاولة لسد النقص الحاصل حول هذا الموضوع المهم والحيوي، فهناك العديد من الممارسات السلوكية البعيدة عن الإسلام والتي نشاهدها كل يوم، ومثل هذه الممارسات بحاجة إلى علاج علما بأنه لا يوجد منظومة متكاملة من المبادئ التي توجه العاملين في حقل الإرشاد

الاجتماعي والمؤسسي، وذلك نظرا لقلة الدراسات حول هذا الموضوع، وما زالت هناك مساحة كبيرة للبحث في هذه المبادئ والأسس

أهداف الدراسة وأسئلتها

تهدف هذه الدراسة إلى الكشف عن مبادئ السلوك الاجتماعي للمجتمع المسلم في ضوء القرآن الكريم والسنة النبوية المبينة لهذه الآيات وبيان مدى التزام شرائح من المجتمع الأردني بها، ولتحقيق هذين الهدفين قام الباحث بالإجابة عن الأسئلة الاتية:

ما مبادئ السلوك الاجتماعي للمجتمع المسلم في ضوء القرآن الكريم والسنة النبوية المطهرة المبينة لها؟

ما درجة التزام شرائح من المجتمع الأردني ببعض مبادئ السلوك الاجتماعي الإسلامي؟

هل توجد فروق ذات دلالة إحصائية عن مستوى الدلالة (α=500) بين متوسطات ممارسة الأفراد لدرجة التزام المجتمع الأردني بالمبادئ السلوكية الاجتماعية الإسلامية تعزى لمتغيرات، الجنس، والمستوى التعليمي والعمر؟

حدود الدراسة

تقتصر هذه الدراسة الى الكشف عن مبادئ السلوك الاجتماعي للمجتمع المسلم في ضوء القرآن الكريم والسنة النبوية المبينة لهذه الآيات، وبيان مدى التزام شرائح من المجتمع الأردني بها وفق الحدود التالية:

- الاعتماد الكامل على القرآن الكريم والسنة النبوية المبينة لهذه الآيات في تحديد مبادئ السلوك الاجتماعي للمجتمع المسلم وتحليل هذه المبادئ.

- تم الرجوع إلى التفاسير التالية : تفسير الجامع لأحكام القران للقرطبي وتفسير الظلال لسيد قطب وتفسير التحرير والتنوير لابن عاشور في حال عدم وضوح المعنى للآية، والاستعانة بكتب الحديث كصحيح البخاري ومسلم.

- اقتصرت هذه الدراسة بعينتها التي تتألف من: مؤسسة اجتماعية، ومؤسسة طبية، وإحدى الوزارت الخدمية، ومؤسسة تعليمية، وأفراد من المجتمع المحلي من خلال شرائح من المجتمع الأردني.

- اعتماد الباحث على الأدوات التالية بالدراسة : الاستبانه والملاحظة والمقابلة.

التعريفات الاصطلاحية والإجرائية :

المبدأ (مبدأ الشيء): أوله ومادته التي يتكون منها كالنواة من النخل, أو يتركب منها, و كالحروف من الكلام.و المبدأ اسم لما يكون قد استتم وجودة في نفسه ,أما عن ذاته وأما عن غيره. ثم يحصل منه وجود شيء أخر يقوم به ويسمى هذا علة بالاضافه إلى ما هو مبدأ له فالمبدأ يختزل جزيئات المفاهيم لتعطي تصورا أعلى لمعلوم ما ,فهو اختزال أرقى لمعرفه معينه في موضوع واحد. (بني خلف، 2005، ص 19).

المبدأ إجرائيا : هو صيغة تتكون من مفهومين أو أكثر للتعبير عن أحد مكونات النظام المعرفي القابل للتطبيق.

السلوك هو: كل فعل أو تصرف يقوم به الإنسان يتسم بالقصد والهدف (بصول، 2002، ص 10)

مبادئ السلوك: هي تعاميم تؤكد سلوكا بعينه يكون على خطا، أو على صواب وإحرازه، وهي جزءا من محتويات العقل، ويدخل ضمنها العادات، والأخلاق، والمجالات والعلاقات. (مكروجل، 1961، ص 95).

مبادئ السلوك إجرائيا : هي المرتكزات الأساسية التي يقوم عليها السلوك وينبع من خلالها، حيث يكون في أذهان الناس بطابع معين يتحول إلى تطبيق عملي حسب ما في أذهانهم.

المبادئ الإسلامية هي "مجموعة المفاهيم التي تشكل في ذهن الإنسان الفهم العام للنهج الإسلامي ".(العاني,2003,ص114).

المبادئ الإسلامية إجرائيا: هي صيغة معرفية تتكون من مفهومين أو أكثر، للتعبير عن مستوى معرفي أكثر تقدما في المنهج الإسلامي وهي المرتكزات والقواعد الأساسية التي يعتمد عليها السلوك الإنساني والتي يتم الانطلاق منها في الالتزام بالسلوك.

السلوك الاجتماعي: هو دراسة النشاط النفسي للكائن الإنساني في تطوره ونضجه والمدى الزمني لهذا النضج ومدى تأثير هذا التغيير على النواحي الجسمية والنفسية والاجتماعية والثقافية. (المليجي، 1971، ص 35).

السلوك الاجتماعي إجرائيا: هو السلوك الذي يصدر عن الأفراد والذي يتأثر به غيره، سواء أكانوا حاضرين أو غائبين.

المجتمع المسلم: هو مجتمع يتكون من مجموعة من الأفراد ويستمد تعاليمه من الدستور الإسلامي. (العواودة، 2003، ص 17)

المجتمع المسلم اجرائيا: هو مجموعة من الأفراد يتعايشون في بيئة جغرافية واحدة مضوا بالإسلام دينا لهم في حياتهم الاجتماعية.

المجتمع الأردني: هو مجموعة من المواطنين يعيشون في جغرافية سياسية معينة أطلق عليها الأردن ولهم تاريخ مشترك وينتسبون إلى هوية أردنية.

الفصل الثاني

الأدب النظــــــــري

الـدراسات السابقـة

الفصل الثاني

الأدب النظري والدراسات السابقة

يتناول هذا الفصل عرضا للأدب النظري والدراسات السابقة المتعلقة بالموضوع سواء أكانت بصورة عامة أو بصورة خاصة، ومن أجل ذلك قام الباحث بالرجوع إلى المراجع والدراسات السابقة حول هذا الموضوع للوقوف على هذا الموضوع وتقسيمه، وقد قسم الباحث هذا الفصل إلى قسمين الأول: الأدب النظري، والثاني: الدراسات السابقة.

أولا: الأدب النظري

سوف يتناول الباحث في هذا الجزء من هذا الفصل الموضوعات التالية :

أولا: مبادئ السلوك الاجتماعي للمدارس الفكرية الوضعية وتطبيقاتها التربوية، وتشمل المدارس الفلسفية التالية: (المثالية، والواقعية، والطبيعية والبرجماتية).

ثانيا: مبادئ السلوك الاجتماعي للمدرسة الإسلامية وتطبيقاتها التربوية.

بدأ الإنسان بدراسة سلوكه منذ أن خطت قدماه على هذه الأرض، ولذا فليس من الغريب وجود العديد من النظريات التي حاولت التعرف على هذا السلوك وتفسيره، وبيان المبادئ التي تضبطه، والدوافع التي تحركه.

وأشار الداهري (2004) إلى أن السلوك هو نتيجة حتمية لما سبقه من أحداث بمعنى أنه يأخذ طابع الانتظام في الحدوث فكلما تكرر ظهور السبب، يتبع ذلك بالنتيجة وهو سلوك الفرد الذي يتمشى مع السلوك الطبيعي لدى المجتمع ولا يكون هناك خلل أو لفت للانتباه لذلك السلوك.

ويرى أصحاب نظرية التحليل النفسي أن السلوك البشري يقـوم بوظـائـف لعمليـات وأحـداث نفسية داخلية يعيها الإنسان، وتلك العمليات تشمل الصراع بيـن الـدوافع المتناقضـة والقلـق إزاء الدوافع غير المقبولة اجتماعيا والدفاع عن الذات في وجهها وهي لا تنظر للسلوك بوصفه مجرد عرض لصراعات أو اضطرابات نفسية داخلية (الروسان، 2000، ص25).

وترى الفتلاوي (2005، ص 414) بأن السلوك:

- ينتج أنواع النشاطات التي يقوم بها الإنسـان والتـي يمكـن ملاحظتهـا سـواء بالأدوات القياسية أو بواسطة ملاحظ خارجي.

- ينتج جميع أنواع النشاطات التي تصدر عن الإنسان أثناء تعامله مع البيئة، وتوافقه معها، وتنشئته فيها.

- هو كل ما يصدر من الإنسـان مـن استجابات، أي كـل مـا يصـدر عنـه مـن تغيرات في مستوى نشاطه في لحظة ما.

- مجموع النشاط النفسي والجسمي والحركي والفيسيولوجي واللفظـي الـذي يصدر عن الإنسان وهو يتفاعل مع بيئته.

وقد أشار كل مـن الغمـري (1983)، والسـلمي (1997)، والخطيـب (1997) أن هنـاك ثلاث مبادئ تحكم السلوك الإنساني وهي: مبدأ السببية: وينـص عـلى أن السـلوك الإنسـاني لا يظهر من العدم، ولكن هناك دائما سببا يؤدي إلى نشاطه، أما مبدأ الهدفية: فينص على أن كل سلوك يصدر عن الإنسان لابد أن يكون موجها نحو هدف معين، أما مبدأ الدافع: فيـنص عـلى أن كل سلوك إنساني يكمن وراء غرض أو غاية معينة.

وهناك ارتباط بين المبادئ الثلاثة حيث أن الدافع هـو الأصل في السلوك، ويليـه السبب ثم تحقيق الهدف والغرض من السلوك، فقد تكون هناك رغبة في الأكل، وحاجة إليه ناتجـة عن الإحساس بالجوع، وهذا يمثل الـدافع، ويقـوم الإنسـان بالربط بـين الإحساس بالجوع وبين القيام بعملية الأكل وبالتالي يبدأ بالبحث وهذا يمثل السبب، والسلوك هـو مزاولـة عمليـة الأكل ذاتها، والهدف هو الإشباع (سند، 1983). إن هذه المبادئ تسـاعد علـى تكوين أسـاس لتفسير السلوك الإنسـاني، فالسلوك الإنسـاني يمكـن النظر إليـه علـى أنـه عمليـة مستمرة (الشلالدة، 1981).

وتتطور اتجاهات الفرد وتنمو بنموه وتطوره الشخصي. كما أن الشخص يتأثر بتطوره ونموه بالأشخاص الآخرين الذين يحيطون به، كذلك فإن الاتجاهات التـي يكونهـا الفـرد تتأثر باتجاهات الأفراد الآخرين الذي يتفاعل معهم، فاتجاهات أفراد الأسرة، والأصدقاء، والأقـارب، والجيران، كلها تسهم في تشكيل وتطوير اتجاهات الفرد، هـذه الوحـدة في الاتجاهـات تعتبر مصدرا من مصادر الثقافة العامة لمجموعات من أفراد يعيشون في مجتمع معين، ولاشك أن نمو تلك الثقافـة العامـة لا يمنـع مـن تكـوين ثقافات فرعيـة حيث يعمـد بعض الأفراد إلى الانحراف عن الخط الثقـافي العام والالتـزام بثقافة خاصة بهـم، لذلك فإن عمليـة تكوين الاتجاهات سوف تحتل جانبا كبيرا من الاهتمام في السلوك ومبادئـه، ممـا يـؤدي إلى التفاعـل بين المجتمعات المختلفة (الخطيب، 1987).

وبناء على ما أشار الباحث إليه مـن نتاجـات السلوك ومبادئـه والعمليـة الاجتماعيـة المرافقة له فقد قام الباحث بعرض الأدب النظري الذي يشتمل على مـا كتـب حـول المـدارس الفلسفية وتطبيقاتها التربوية من جهة، والمدرسة الإسلامية من جهة أخرى.

أولا: مبــادئ الســلوك الاجتماعــي للمــدارس الفكريــة الوضــعية وتطبيقاتهــا التربوية.

أ- مبادئ السلوك الاجتماعي للمدرسة المثالية وتطبيقاتها التربوية.

ترجع أصول هذه الفلسفة إلى عهد الإغريق القدماء، وإلى ســقراط وأفلاطـون بالـذات، فقد نادئ سقراط بأفكار الفلسفة المثالية، ولكن اقترن اسم هذه الفلسفة باسم أفلاطون، لأنه هو الذي دونها ورتبها بشكل منظم (بدران ومحظوظ، 1996).

والمثالية مدرسة تقوم على أن الأشياء الواقعية ليست شيئا آخر غير أفكارنا نحن، وأنه ليس هناك حقيقة إلا ذواتنا المفكرة، أما وجود الأشياء فقائم في أن تكون مدركة عـن طريـق هذه الذوات ولا حقيقة لها وراء ذلك (لبابنه، 1998).

وتقوم هذه الفلسفة على مبدأين متكاملين:

أولهما: أزلية الأفكار ودور العقل الإنساني، وينطلق هـذا المبـدأ مـن أن الأفكـار أزليـة، وأن عقل الإنسان هو الأداة لتفهم هذه الأفكار ومن أجل ذلك فقـد اهتـم أفلاطـون بالفكـر والمعرفة.

وثانيهما: عالم الروح وعالم المادة؛ ويركز هذا المبدأ على حقيقـة هامـة وهي أن العـالم المادي الذي نعيش فيه هو عالم؟ فإن وينبغي الاهتمام بعالم القيم الروحية والمثل العليا لأنها حقائق خالدة (ناصر، 1989)، وأشار إلى ذلك كل من مرسي (1977)، والفنـيش (1979) وعبـد الدايم (1975).

وتنظر المثالية للفرد من خلال أن النفس الإنسانية، تتكون من ثلاثة أنواع من القوى أو القدرات أو الملكات وهي: قوة العقل أو التفكير وموضعها الدماغ، وقوة الغضب وموضعها الصدر، وقوة الشهوة، وموضعها البطن والعقل وهو هذا الجزء من النفس الذي يمدنا بالقدرة على اكتشاف الحق والباطل والتفكير هو الدافع والمؤدي لكل معرفة، والقوة الغضبية عند المثالية هي الإرادة كما تسمى اليوم أما الشهوة فهي مرتبطة بالوظائف الجسمية (الرشدان، 1987).

اهتمت المثالية بالمجتمع وأبرزت أهداف ووظائف المجتمع.

وتنظر المثالية للمجتمع من خلال أن وظيفة المجتمع اقتصادية وحربية وتشريعية لسلامة الحكم، ووجد أفلاطون مثالا لهذا المجتمع في مدينة الدولة اليونانية، ولكي تنجح وظائف المجتمع يجب أن يستشعر كل فرد بالسعادة في عمله، ولن يتأتى هذا إلا بإتقانه هذا العمل، ويجب أن يحتوي كل مجتمع على ثلاث طبقات، وهي: طبقة العمال والصناع والمزارعون والتجار تقوم بأداء الخدمة، والاحتياجات الاقتصادية للمجتمع، وطبقة الجنود والشرطة وعليها حماية المدينة من الداخل والخارج ثم طبقة الحكام الذين يهيمنون على المدينة عاملين على خيرها وموجهين الطبقتين الآخرتين (الجبار، 1974).

برزت نظرة الفلسفة المثالية من خلال الأخلاق والقيم والمعرفة.

وتنعكس نظرة المثالية في الأخلاق على التربية في نظريتهم العامة عن طبيعة الخير وهي تعتمد على فكرتهم الميتافيزيقية أن خلف كل شيء مدرك في هذا العالم، هناك نظاما من الأفكار تفسر ما في هذا العالم، فالخير في كل شيء مدرك يتوقف على الدرجة التي يقترب فيها هذا الشيء من صورته المثالية أو

يعبر عنها في رأي أفلاطون بقوله أن المجتمع الخير هو المجتمع العادل، وبقدر اقتراب المجتمع بوظائفه الثلاث، والإنسان بقواه الثلاث من المثالية الموجودة في عالم المثل، ويمكن أن يتحقق العدل بدرجة تتناسب مع درجة الاقتراب من المثالية، ولهذا فقدر أفلاطون نظامه التعليمي ليحقق بقدر المستطاع هذا العدل والحق (الرشدان، 2002).

وترى المثالية كذلك أن المعرفة حالة عقلية تتميز بالتأكد من طبيعة شيء ما، وهذا الشيء غير موجود في عالم الواقع المتغير، والتغير يجعل من المستحيل التأكد من طبيعته ولذلك فإن الأشياء التي نعرفها بالتأكيد هي الأفكار في علاقاتها المنتظمة (مزعل، 1987).

ويرى تيلر كما ورد في (الحياري، 1993، ص 21) أن أهم مبادئ الفلسفة المثالية:

- وجود الإنسان في هذه الحياة يرتكز تماما على العقل.

- جميع الأشياء الحقيقية تأتي من العقل.

- إن الإنسان يترجم ويحلل كل شيء بواسطة العقل.

- أن الإنسان أهم من الطبيعة.

- أن القيم الخلقية لا تتأثر بسلوك الأفراد فهي ثابتة لا تتغير حسب الظروف.

- التطبيقات التربوية للفلسفة المثالية

اهتمت المثالية بالتربية بحيث جعل أفلاطون التربية هي المركز الأساسي لدولته المثالية والتركيز على مبادئها وأهدافها وطرقها

لقد أبدى الفلاسفة المثاليون اهتماما كبيرا في التربية، بـل أن كثيرا مـنهم كـان قـد ثبـت عنهـا بشكل مكثف، فقد جعل أفلاطون التربيـة هـي المركـز الأساسي في دولته المثاليـة، وقـد كـان للمثالية نظرتها الخاصة إلى التربية بكافة عناصرهـا، فبالنسبة لمفهـوم التربية عند المثاليين، فيرى أفلاطون الذي يعد زعيم الفلسفة المثالية، قدم مفهوما للتربية فرض نفسـه عـلى تاريخ التربية بعامة والتربية المثالية بخاصة فهـي أي التربيـة عمليـة تـدريب أخلاقـي أي أنهـا ذلك المجهود الاختياري الذي يبذله الجيل القديم لنقل العادات الطيبة للحياة ونقل حكمة الكبار التي وصلوا إليها بتجاربهم إلى الجيل الصغير، وأنها نوع من التـدريب الـذي يتفـق تمامـا مـع الحياة العاقلة حينما تظهر (عفيفي، 1991).

ولقد أثرت الفلسفة المثالية في الفكر التربوي وعملت على توجيهه في موضوعات كثيرة حتى ظهر تأثير الفكر المثالي في التربيـة مـن حيـث فلسفتها وأهدافها ومضمونها وأساليبها وسياساتها التعليمية (الرشدان، 2002).

وبرزت نظرة المثالية إلى أقطاب العملية التربويـة مـن خـلال المعلـم والطالـب وطرق التدريس والمنهاج والأساليب التعليمية في العملية التعليمية.

ويشير مرسي (1980) أن الهدف من التربية في الفلسفة المثالية هو تنمية روح الجماعة والاهتمام بالتنمية العقلية، وتشكيل الرجـل الحكيم، ونقل الـتراث الثقـافي وذلـك مـن أجـل تحقيق وحده الدولة أو المدينة الفاضلة والقوة العظمى في الواقع الاجتماعي.

ولهذا دعت إلى فكرة الإعداد التربوي للقادرين على العمل العقلي، أمـا غـير القـادرين فلهم التـدريبات الخاصـة، لتطبيـق الحقـائق التـي توصـل إليهـا القـادرون وهـم المفكـرون والفلاسفة (المعايطة والحليبي، 2005).

أما المعلم فيجب أن يكون قادرا على ملئ العقول، وليس من الضروري أن يكون قادرا وضليعا في الموضوع الذي يدرسه، فالأهم هو القدرة على تدريب الملكات حسب وجهة نظر مدرسة الملكات النفسية، بينما ترى مدرسة التدريب العقلي النفسية أن يكون المدرس مختصا بمادته، والمدرس عندهم هو الحاكم بأمره في الصف (الحاج أحمد، 2001).

هذا ويعتبر المعلم هو المسئول الأول عن اختيار المنهاج المدرسي، كونه مطلعا على الأهداف التربوية المرجو تحقيقها (الحياري، 1994).

كما أعطت المثالية الدور الأساسي للمعلم في عملية تعلم الطلاب فأصبح محور العملية التربوية والمصدر الرئيسي لعملية التعلم، الأمر الذي جعل الطلاب سلبيين لا يشاركون في عملية تعليمهم (مرسي وآخرون، 1985).

أما المنهاج التربوي كما ورد في مرعي وآخرون (1985) أن المثالية عزلت المناهج التربوية عن الاهتمام بحاجات الطلاب وحاجات البيئة المحيطة وركزت على الماضي فأخفقت في مفهوم أن تكون الخبرات التعليمية ذات معنى للمتعلم وذات وظيفة للحياة اليومية مما أدى إلى إضعاف الكفايات الداخلية والخارجية فالداخلية هي الظروف المؤثرة أما الكفاية الخارجية فهي مدى تحقيق الأهداف للمناهج التربوية.

ويجب أن يشمل المنهاج المثالي على المواد الدراسية الأساسية التي تساعد الفرد على النمو العقلي والخلقي، كما يجب أن يمثل المنهاج كل خبرة الجنس البشري، فالخبرة الإنسانية مهمة في نظر المثالية، ويرى المثاليون كذلك أن المنهاج يجب أن يشتمل على العلوم والأدب والدراسات الإنسانية التي تساعد

الإنسان على فهم ومعرفة الجنس البشري كما تساعده أيضا على فهم ومعرفة بيئته المادية والسيطرة عليها وتسخيرها للوفاء لمطالبه وحاجاته (مرسي، 1982).

وفي المدرسة المثالية تدور مواد الدراسة حول الأدب والفن والدين والفلسفة والرياضيات والدراسات العقلية وغيرها من المواد لتنمية الجانب العقلي (مطاوع، 1991).

كما ويجب أن يحتوى المنهاج على الإرث الثقافي بعد فحصه، وهو ثابت غير قابل للتطور (طبش، 2007) لأن المنهاج الذي تتبعه هذه المدرسة ينبع من فكرة ترك القديم على قدمه (جعنيني، 2004).

ويلخص الحياري (1994) أن أهم الأمور التي تركز عليها المدرسة المثالية عند وضع المنهاج هي:

- التركيز على مواد علم النفس، والأخلاق والمنطق والرياضيات والعلوم الإنسانية.
- أن تسعى المناهج إلى تحقيق الأهداف التربوية عن طريق المحتوى المعد بصورة جيدة.
- أن تصمم المناهج لتحقيق الإبداع وزيادة النمو الفكري، والأمور الجيدة.
- اختيار الخبرات والنشاطات والظروف الحياتية، والدراسات التي تساعد على تنشئة الإنسان المثالي والمجتمع المثالي.

- اختيار الأفكار الجيدة الموجودة في كافة فروع المعرفة وعرضها على المتعلمين بصورة جيدة.

- التركيز على النمو الشخصي للمتعلم من خلال النشاط الذاتي، وحرية الاختيار بين الأمور وتحمل المسؤولية.

- أن تحتوي المناهج على الإرث الثقافي بعد فحصه وتدقيقه وخصوصا الموسيقي والفن والأخلاق.

- المسئول الأول عن اختيار المنهاج المدرس المعلم؛ كونه مطلعا على الأهداف التربوية المرجو تحقيقها.

- دور الطلاب في تخطيط وتصميم المناهج محدود للغاية، بل يكاد لا يذكر.

وتداول المثاليون طرقا في التدريس منها طريقة سقراط وهي أسلوب تدريسي ـ يعتمد الحوار والمناقشة وتوليد الأفكار، وطريقة أفلاطون القائمة على أسلوب السؤال والجواب وهذا ما أشار إليه كل من (الفنيش، 1979؛ جعنيني، 2004).

ويرى مرسي (1977) أن طريقة التدريس المثالية تشجع الطلبة على تحصيل المعرفة بطريقة نقدية، ولا يكفي أن نعلم الطالب كيف يفكر وإنما الأهم هو أن نعلمه كيف يفكر تفكيرا نقديا.

ويجب أن يكون الهدف من طرق التدريس تدريس الملكات العقلية (محمد 2003)، بحيث يتبع المعلم الخطوات الخمس لهربرت وهي: الأعداد،

التقديم، الربط، التعميم، التطبيق، وقد وضعت هـذه الخطوات على أسـاس أنهـا صـالحة لتدريس أي مادة دراسية (الرشدان، 1987).

وتبدأ الطريقة المثالية في التدريس بالكل وتسير قدما إلى الأجـزاء بطريقـة تحليليـة ولا تعتبر الأجزاء في درجاتها شيئا وهي تعني شيئا ما في علاقاتها بالكل (مرسي، 1988).

وفي نظرة المثاليين للطالب فهم يرون أن دور الطالب هو الحفـظ والتخـزين في عقلـه، ويجب أن يتكيف مع المواد الدراسية، وأن غاية الطالب الرئيسـة في الحيـاة هـي التعبـير عـن طبيعته الخاصة (جعنيني، 2004). كما طالبت المثالية الطالب بأن يتعلم كيفية احـترام وطنـه والمجتمع المحلي الذي ولد فيه، وأن هـذا يقتضيـ أن يسـتوعب الطالـب المقومـات الثقافيـة لأمته، وأن يدرس البيئة المحلية التي يعيش فيها، وأن يشعر بولاء عال للمثل السياسـية العليـا لأمته ومجتمعه المحلي (ناصر، 1989) وأن يتعلم الخلق القويم والقيم العليـا الخالـدة (تـركي، 2003).

ويرى المثاليون أن الشيء الضروري للطالب بأن ينمو بشكل أصيل بحيث ينسجم هـذا النمو مع إمكاناته الفطرية، ويعتقدون أن انسجام الطالب مع الآخرين شيء طيب بشرط أن لا ينتج عن ذلك شخصية زائفة (فرحان، 1989).

ب- مبادئ السلوك الاجتماعي للمدرسة الواقعية وتطبيقاتها التربوية

تعد الفلسفة الواقعية من الفلسفات القديمة في الثقافة الغربية، ويعـود تاريخها إلى الإغريق (اليونان القديم)، وقد اقترن اسم المدرسة الواقعية باسم أرسطو، وهو أحـد تلامـذة أفلاطون (أحرشاو، 2001).

وتعتقد الواقعية بأن العالم الطبيعـي أو الـواقعي، عـالم التجربة البشرية هـو المجـال الوحيد الذي يجب أن تهتم به، ولا وجود لعالم المثل الذي آمنت به الفلسفة المثاليـة (بـدران ومحفوظ، 1996). وأن هذا العالم الذي لم يصنعه الإنسـان أو يخلقه يمكـن معرفتـه بالعقـل الإنساني، ويفيدنا معرفة هذا العالم الحقيقي في إرشاد السلوك الفردي والاجتماعـي وتوجيهـه وهي ضرورية للإنسان (لبابنه، 1998).

وقد جاءت هذه الفلسفة كرد على عالم المثل والأفكار الذي نادت به الفلسفة المثاليـة، فرفضت تماما الأفكار الأفلاطونية عن عالم المثل والأفكار، فترى الواقعية أن المادة ليست مجرد فكرة في عقل الشخص، ولكنهـا موجـودة بـذاتها مستقلة عـن العقـل وهذا مـا أشار إليـه (الفنيش، 1989؛ مرسي، 1982).

وقد كان لهذه الفلسـفة نظرتها الخاصة إلى الكون والإنسان والحقيقـة، والحيـاة فكان لها مبادئها التي تميزها، وهذه المبادئ هي (الحياري، 1994):

● أن عالم الحس حقيقي وهو كما نحسه ونراه.

● أن العالم جزء من الطبيعة ويمكـن التعـرف علـى أسراره عـن طريق الأحاسـيس والخبرات.

- القوانين الطبيعة تسيطر على الكون.

- لا يمكن فصل العقل عن الجسم، كما أنـه لا يوجـد أي سـيطرة لأحـدهما علـى الآخر ولكن هناك علاقة منسجمة بين الاثنين.

التطبيقات التربوية للمدرسة الواقعية

اهتمت الواقعية بتربية النشء منذ السنوات الأولى، وانطلقت نظرتها لهذه التربية مـن خلال المعايير الأخلاقية.

ترى الواقعية أن التربية عملية تدريب الطفل على أن يعيش بواسطة معايير خلقيـة مطلقة على أساس ما هو صحيح للإنسان بوجه عام وليس لأعضاء جـنس أو مجتمـع بالـذات فحسب، وأنه لمن المهم له أيضا أن يكتسب عادات حسنة، وذلك لأن الفضيلة لا تتأتى لنـا بل تكتسب بالتعلم (مرسي، 1988).

وركزت الواقعية على سلوكيات الفرد على حساب الجماعة وتمكين الفرد مـن التكيف مع ذاته في البيئة المحيطة.

ففي تحديدها للأهداف التربوية نجـد أن الواقعيـة اهتمـت بـأن تمكـن الفـرد مـن أن يكيف نفسه مع البيئة والواقع الذي يعيش فيه، وأن يكون منسجما عقليا وجسميا مع البيئـة المادية والثقافية المحيطة به (الميلادي، 2004).

واهتمت الواقعية بالواقع الاجتماعي وطريقة تكيف الفرد مع البيئة المحيطة وعوامـل إحداث هذا التكيف.

ويشير مرعي وآخرون (1985) إلى أن وظيفة التربية في الفلسفة الواقعية هـي إحـداث التكيف مع الواقع الاجتماعي وما يحمله من خصائص مرحلية

راهنة لاستقبال الوضع الجديد في مرحلة التطور القادمة، وتعرف الواقعية في التربية بأنها التكيف مع البيئة.

وغاية التربية بالنسبة للواقعي هي إعداد الأطفال ليعيشوا بتوافق مع الطبيعة عند بلوغ الرشد ولذلك يحتاجون للتدريب على التوافق المذكور وعلى فهم قوانين الطبيعة لتأمين استمرار الجنس البشري في الحياة وعلى المدارس أن تعلم الأطفال احترام البيئة ودقة الملاحظة والتفكير الاستنتاجي، والمنهج والحقائق المعروفة وقوانين الطبيعة والعالم الخارجي (الرميضي، 2004).

وركزت الواقعية على التعليم من خلال تنمية المهارات وتطويرها وإخراج المختصين والعلماء والاعتناء بالجانب العملي التطبيقي.

ويرى الواقعيون أن التعليم يجب أن يطور المهارات ويخرج المختصين والعلماء كما أنهم يركزون على الجانب العملي في التعليم ومفهومهم عن هذا الشيء يعني تضمنه لتطور الأخلاق وتطور الشخصية، بالإضافة إلى أنهم يركزون على التعليم الذي يؤدي إلى التخصصية (العمايرة، 2000).

كما ركزت الواقعية على التربية ومفاتيحها، كالمعلم وهوالشي الرئيسي والطالب، والمنهاج، والمواد الدراسية والأساليب والوسائل التعليمية.

وترى الواقعية أن مفتاح التربية بيد المعلم باعتباره ناقلا للتراث الثقافي، وتعتقد أنه مطلوب من المعلم أن يقرر ما هي المادة التي ينبغي أن تدرس في الفصل (النجيحي، 1985).

وتطالب الواقعية المعلم أن يكون قادرا على مساعدة التلاميذ في القيام بالاكتشافات لأنهم إذا ما قاموا بعمل اكتشافاتهم الخاصة بهم، فإنهم

يستطيعون أن يتعلموا كيفية الوقوف على أرجلهم وأن يسيروا قدما على الطريق بأنفسهم، وهكذا فإنه في البداية يتوقع أن يقوم بإجراء اكتشافاته الخاصة، وهذا يعني أن يضحي ببحثه الشخصي إلى حد كبير. (يوسف، 1985).

فالمعلم يمثل دورا أساسيا في عملية التعليم، ويشترط أن يكون متمكنا من تخصصه ويملك الأساليب والتقنيات التي تمكنه من إنجاح عملية التعلم، وأن تكون للخبرة المباشرة عنده مكانة في عملية التعلم التي ينبغي أن يراعى فيها استعمال العرض المنطقي كشرط ضروري لتعلم الطلاب (مرعي وآخرون، 1985). كما تمنح الفلسفة الواقعية للمعلم سلطة عليا تمكنه من اختيار عناصر المنهاج وفرضه على التلاميذ (الحاج محمد، 2001). وأن يكون خبيرا في استخدام مختلف الظروف المناسبة في عملية التدريس (الرميضي، 2004)

أما فيما يختص بالمنهج الدراسي فإن الواقعية ترى أن المنهج يقوم على الواقع وعلى الحقائق المكتشفة في الوقت الحالي، وأن المنهج يتسم بالثبات، ولذلك يجب أن يكون المنهج شاملا لكل ما هو موجود في العالم الواقعي، بما في ذلك النظرة لشخصية الإنسان وإنماء جميع جوانبها، وأن يشتمل على العلوم الطبيعية، كالفيزياء، الكيمياء، والجغرافيا، والعلوم الاجتماعية، كالتاريخ، وعلم النفس، وعلوم الفن (الحاج محمد، 2001).

ويرى الحياري (1994) أن المناهج في ضوء المدرسة الواقعية تصمم على أسس وقواعد علمية يراعى فيها المعلومات التي يحتاجها المتعلم من أجل

الوصول إلى الحقيقة وأن هذه المناهج تحتوي على النشاطات التي تعلم الفرد المحافظة على النفس ورعايتها لمقاومة الظروف الحياتية المختلفة.

وبالنسبة لطريقة التدريس فقد كان للواقعيين نظرتهم الخاصة إلى طريقة التدريس. حيث تمتاز هذه الطريقة بتجردها من كل أثر لشخصية المعلم، فهي طريقة تسمح للحقائق أن تتكلم بنفسها، وهي لا تسمح للمعلم عند تقديم الحقائق أن يعبر عن آرائه الشخصية عن الموضوع وأنها تطالبه أن يقدم الحقائق كما هي دون أية زيادة (شطناوي، 1990).

وفيما يتعلق بالنظرة الواقعية إلى الطالب فإن الواقعية ترى أن المحور المركزي في التربية، هو الطالب وأن نسمح للطالب أن يقف ويتعرف على البناء الفيزيائي والثقافي للعالم الذي يعيش فيه وترى الواقعية أن مسؤولية الطالب أن يجيد من عناصر المعرفة التي أثبتت مكانتها عبر العصور، وقبل أن يقرر ما يمكن عمله إزاء العالم ينبغي عليه أن يتعلم ما يقوله المختصون عن حقيقة العالم، ومن الملاحظ أن المدرسة الواقعية تؤكد على الموضوعات الدراسية أكثر من تأكيدها على الطالب، وبذلك فهي لا تعر أي اهتمام لرغباته (ناصر، 2004).

ويرى فرحان (1989) أن الواقعية في نظرتها إلى الطالب فإنها تسعى إلى أن تجعل منه شخصا متسامحا ومتوافقا توافقا حسنا وأن يكون منسجما عقليا وجسميا مع البيئة المادية والثقافية المحيطة به.

ج- مبادئ السلوك الاجتماعي للمدرسة الطبيعية وتطبيقاتها التربوية

يرجع تأسيس الحركة الطبيعية في التربية إلى المفكر الفرنسي جان جاك روسو (1712) وروسو لم يكن فيلسوفا وإن كان فكره التربوي يجعل تطابقا فلسفيا محضا، له تطبيقات تربوية في النظرية والممارسة، وله خبرات تجريبية، وإنما كان أقرب إلى المصلح الاجتماعي الذي سادته مظاهر الشقاء والظلم نتيجة القيود الفاسدة التي فرضها المجتمع، ورأى أن وسيلة الإصلاح لحال الإنسان ضمنه في كتابه التربوي (أميل) وكذلك بإصلاح المجتمع ضمنه في كتابه "العقد الاجتماعي" (الحاج، 2003).

وتعتبر الفلسفة الطبيعية من أقدم الفلسفات التي عرفها الإنسان، وقد يكون العمر في تقدمها هو أن الطبيعة هي أول ما يواجه الإنسان في هذه الحياة، ويعرف لطفي بركات (1984) المذهب الطبيعي بأنه:"مذهب فلسفي يقتصر على تفسير الطبيعة التي نعيشها دون التعرض للبحث فيما وراءها".

ويشير كلارك (Clark) كما ورد في الحياري (2001) أن من أهم مبادئ الفلسفة الطبيعة:

- الشيء الوحيد الحقيقي في هذا الكون الطبيعة.

- الطبيعة هي مفتاح الحياة، وأن كل شيء نعمله هو جزء من الطبيعة.

- كل شيء في هذه الحياة يتحرك حسب قوانين الطبيعة.

- الطبيعة لا تتغير لذلك يمكن الاعتماد عليها.

- إن كل فرد يعد أهـم مـن المجتمـع، وإن أهـداف المجتمـع تعـد ثانويـة إذا مـا قورنت بأهداف الفرد.

- الأنظمة الاجتماعية مقبولة لأنها تمنع الفوضى وليس لأنها جيدة.

وعـلى أسـاس هـذه المبـادئ تتشـكل النظـرة الطبيعيـة للطبيعـة الإنسـانية، والعقـل، والمعرفة والقيم.

وتنظر المدرسة الطبيعية الإنسانية كما جاء على لسان جان جاك روسو إلى أن النـفس الإنسانية خيرة؛ لأن مصدرها الخالق وعبر عن ذلك في كتابه (أميل) فقال:"كل شيء خير إذا ما جاء عن طريق خالق الكون" (المعايطة والحليبي، 2005) وكل شيء يصيبه الفسـاد والانحـلال إذا ما مسته يد البشر، وبعبارة أخرى ترى هذه المدرسة أن الخير أصـل في الإنسـان، ولا يعنـي ذلك أنه لا يفعل الشر، وإنما الشر إذا ارتكبه فهو خارج عن طبيعته، لذلك نـرى (روسـو) يـرد الشر في النفس الإنسانية إلى المجتمع (ناصر، 2004؛ حسان وآخرون، 2004؛ الرميضي، 2004). كما ترى هذه الفلسفة أن الطبيعة الإنسانية وحدة متصلة لا تنقسم إلى أجزاء منفصلة كما في الفلسفات الأخرى (المعايطة والحليبي، 2005).

واعتنت المدرسة الطبيعية بالتربية الايجابية التي تركـز عـلى تشـكيل العقـل وإكسـابه المهارات والمعارف.

وتدعو المدرسة الطبيعية أن تكون التربيـة سـلبية وليسـت إيجابية ونعني بالتربية الإيجابية ذلك النظام الذي يستهدف تشكيل العقل قبل أوانه واكتسابه مجموعة من المعارف والمهارات الخاصة كالقراءة والكتابة ونعني بالتربية السلبية التربية التي تستهدف الوصول إلى كمال أجهزة الإنسان، والتي تؤدي فيما بعد

إلى اكتساب المعارف والقيم بمختلف العمليات العقلية (طبش، 2007). وفي نظرة المدرسة الطبيعية للمعرفة فقد رأى روسو أن الإنسان خير بطبعه، وبالتالي لابد أن يطلق تربيته على أساس النمو الحر مراعيا في ذلك نموه الطبيعي، كي لا يعيش في وسط متسلط يتناقص وطبيعته الخيرة، حيث الحياة هي المعلم الأول والرئيسي؛ لذا نجد التربية الطبيعية تعتمد في تحقيق المعرفة الإنسانية إلى الاهتمام بنشاط الطفل واستغلال حواسه (الرميضي، 2004).

وركزت الطبيعية على الممارسة والعمل والتجربة وليس التلقين للطفل.

وترى المدرسة الطبيعية أن القيم والمثل العليا يتشربها الطفل ليس من خلال التلقين أو الوعظ وإنما من خلال ممارسته العمل والدخول في علاقات مع أقرانه؛ فهو يكتسب قيمة التعاون حينما ينجح وزملاءه في إنجاز عمل يستحوذ على اهتمامهم، ويتشرب قيمة النظام حينما يلمس أهميته في العثور بسهولة على أدواته التي وضعها بنظام وهو يدرك قيمة التركيز حينما ينخرط في عمل أحبه ووجد فيه لذته وسعادته (الكيلاني، 1998).

التطبيقات التربوية للمدرسة الطبيعية

اهتمت الطبيعية بالتربية من خلال أنها الحياة، وتكون متطابقة تطابقا تاما مع طبيعة الطفل.

يعتقد الطبيعيون أن التربية هي الحياة، وهي ضرورية ما دامت تستمر طول العمر (مرسي، 1988). ويقترح روسو كما ورد في فرحان (1989) مفهوما للتربية فيرى أنها لا تعدو أن تكون عادة.

وترى الفلسفة الطبيعية أن التربية ينبغي أن تكون متطابقة تطابقا صارما مع طبيعة الطفل، وأن التربية طبقا للمذهب الطبيعي هي إحدى ثلاثة ملامح فهي إما اكتشاف القوانين الطبيعية وصياغتها وتطبيقها في العملية التربوية، أو أن تكون التربية طبقا للقوانين الطبيعية للتطور الإنساني، وأن التربية هي العودة إلى الطبيعة كاتجاه مضاد لكل ما هو صناعي (شطناوي، 1990).

وهي كذلك عملية تحرير للطاقات الطبيعية عند الإنسان وتنمية تلقائية للطفل، وتقليل القيود المفروضة على نشاطه وإشباع حاجاته (حسان وآخرون، 2004).

ويرى الحياري (1994) أن موقف المدرسة الطبيعية من التربية يتضح من الأسس التربوية التالية:

- التربية في ضوء الطبيعة وتأسيس المجتمع على أساس الحقوق الفردية.

- ينصب اهتمام المدرسين على التلاميذ ورغباتهم وميولهم باستمرار وليس على موضوعات دراسية لا تنسجم مع ميولهم ورغباتهم.

- التربية للجسم والعقل معا.

- الاعتماد على النشاط الذاتي في الحصول على المعرفة.

ويرى المعايطة والحليبي (2005) إلى أنه يمكن إيجاز أهم الأهداف التربوية عند الفلسفة الطبيعية فيما يأتي:

1- تهدف التربية الطبيعية إلى الإيمان ببراءة الطفل، وأن طبيعته الأصلية خيرة.

2- تهدف إلى الإعلاء من شأن الطبيعة والإيمان بضرورة مراعاة قوانينها في تربية الطفل.

3- الإيمان بأن الطفل وكل ما يمتلكه من خصائص وميول وحاجات ومصالح هي مركز العملية التربوية والتعليمية.

4- تهدف إلى جعل المعارف والمعلومات التي تقدم للطفل مناسبة لكل مرحلة من مراحل النمو التي يمر بها الطفل.

5- تسعى إلى تشجيع الطفل على التعبير عن أفكاره بحرية، وتدعو إلى إعطاء الطفل الفرصة الكافية للملاحظة والبحث والاستدلال العلمي، وفي الوقت ذاته تدريبه على تجنب الحديث المصطنع.

واهتمت الفلسفة الطبيعية بمحاور العملية التربوية كالمعلم، والطالب، والمناهج، وطرق التدريس.

أما فيما يتعلق بدور المعلم في المدرسة الطبيعية فيرى الكيلاني (1998) أن على المعلم أن يهيئ للمتعلم المواقف التربوية التي تسمح له بالحرية والمبادرة والتعبير الذاتي.

ويشترط روسو كما ورد في المعايطة والحليبي (2005) شروطا يجب أن تتوافر في المعلم وهي:

- أن يكون شابا حكيما وأن لا يكون فارق السن بين المعلم والطفل كبيرا.

- على المعلم أن لا يتسرع بالحكم على الطفل بأن يصفه بالذكي، أو العبقري، أو الغبي.

- على المعلم أن لا يستخدم العقاب، بـل يـدع العقـاب للطبيعـة كـمـا لـو كـان نتيجـة طبيعية لسوء الفعلة.

أما المنهج الطبيعي فيماعن روسو في نظرته إلى المنهج الـدراسي وأشـار إلى ذلك طبش (2007) يقلل من أهمية المادة الدراسية للطفل ويقول" بدلا من جعل الطفـل يـرتبط بكتبه فإنني إذا ما وظفته في ورشة، فإن يديه سوف تعملان لفائدة عقله، ويصبح فيلسوفا وإن كان هو نفسه يتخيل نفسه عاملا (رشوان، 1992).

فالمدرسة الطبيعـة تـرفض المـواد الدراسية التقليديـة، وتقـترح أن يتـألف المقـرر مـن مظاهر الطبيعة التي تقدم للطفل على شكل نظام طبيعي، وهـي بـذلك لم تعـط أيـة أهميـة للقاءات والأفكار التقليدية وللمعارف والمعلومـات التـي يؤسسها المجتمـع المزيـف، ولكنهـا اهتمت بالأنشطة الناشئة عن طبيعة الطلاب وأعطتها مكانها الأسـاسي في المجتمـع (بـدران ومحفوظ، 1996).

ويرى الحياري (1994) أن المناهـج في ضـوء المدرسـة الطبيعـية تعد بصـورة منظمـة ومتدرجة وفق قـوانين النمـو والتطور عنـد المتعلمـين، وأن الأنشطة والفعاليـات في المناهـج المدرسية يتم اختيارها حسب مستوى النمو عند التلاميذ واهتمامهم وتركز هذه المناهج عـلى النشاط الحر إذ يقوم الطالب بالتجربة أو التعبير بمفردة.

ويذكر الشيباني (1975) أن بناء المنهاج الدراسي الطبيعي يستند على مجموعـة قواعـد هي:

- الاهتمام بالميول الحاضرة للتلميذ وذلك بهدف تربيته إنسانا.

- إعداد الفرد لحياة متطورة متغيرة.

- النظر إلى العمل اليدوي والحرف الشعبية على أنها أقرب الأعمال البشرية جميعها إلى الحالة الطبيعية.

وعند الإشارة إلى طريقة التدريس الطبيعية نجد تركيز التربية الطبيعية بجميع عناصرها على الفرد وعلى احتياجاته وميوله، وطريقة التدريس الطبيعية يجب أن تتناسب مع طبيعة الطفل ومع مراحل نموه (هندي، 1995).

والمدرس الطبيعي عند قيامه بعملية التدريس يجب عليه أن يراعي ثلاثة مبادئ أساسية وهي :

المبدأ الأول هو مبدأ النمو، ويعني أن المدرس يجب أن يتبع مبادئ النمو الطبيعة عند الطفل أو يدفعه نحو التعلم.

والمبدأ الثاني هو مبدأ النشاط ويعني هذا المبدأ ألا يعمل أي شيء للطفل يستطيع أن يفعله لنفسه وبنفسه، وعلى الطفل ألا يتعلم أي شيء على أساس ثقة أو سلطة الآخرين ويجب أن يشجع على اكتشاف الأشياء بنفسه (ناصر، 1988).

أما المبدأ الثالث فهو مبدأ الفردية الذي يدعو إلى ضرورة السماح لكل طفل بأن ينمو وفقا لطبيعته وإلى عدم التضحية بالفرد من أجل المجتمع ويجب أن تعتبر ميول الفرد وحاجاته أسمى من حاجات المجتمع (مرسي، 1988).

أما الطالب فقد جعلته المدرسة الطبيعية مركز العملية التربوية بدلا من المعلم، واعتمدت الفلسفة الطبيعية على التربية كوسيلة لخلق التلميذ الطبيعي الكامل، وإن متطلبات إعداد التلاميذ تقتضي استعراض لكل التراث الإنساني، بحيث يكون ميسورا للتلميذ الاتصال بالخبرات والحاجات الراهنة لتحقيق طبيعته (المعايطة والحليبي، 2005).

كما ترى المدرسة الطبيعية ضرورة إتاحة الفرصة أمام الأطفال للاشتراك في إدارة أنفسهم بأنفسهم داخل البيئة الاجتماعية والمدرسية، لأنهم يمثلون الغاية، ولذلك تنادي هذه الفلسفة بإعطاء التربية استقلالية عن الحكومة ولا مبرر لسيطرة الدولة على التعليم إلا إذا تأكدت الدولة أن الأطفال لا يتعلمون (مرعي وآخرون، 1985).

د- مبادئ السلوك الاجتماعي للمدرسة البرجماتية وتطبيقاتها التربوية

دعت الفلسفة البرجماتية إلى العمل والتجريب وفلسفة التغير حسب الظروف والإيمان بالمنفعة،والخبرة

يطلق عليها أحيانا الفلسفة العملية، أو النفعية أو التجريبية أو الإجرائية، وغيرها. والبرجماتية مشتقة من الكلمة اليونانية (Pragma) ومعناها العمل ويعتبر تشارلزبيرس المؤسس الأول للبرجماتية، وانتشرت على يد وليم جميس وتطورت على يد الفيلسوف جون ديوي (ناصر، 2004؛ جعنيني، 2004). وقد قامت هذه الفلسفة على مبدأين أساسيين هما: الخبرة والتغيير (رشوان، 1992).

إذا البرجماتية تؤمن بالتغيير والتقدم الذي يتم عن طريق التجريب واستعمال التفكير والذكاء والعقل في مواجهة المشكلات، وهي بهذا تعتمد على العقل في حل المشكلات وتعتمد على القدرة الابتكارية في الإنسان، وترى أن الذكاء هو جوهر نظرية الحق عند النفعيين (مرعي وآخرون، 1985).

وقال أنصار هذه الفلسفة " أن الخبرة الإنسانية داخلية وخارجية، ويمكن تعديل الداخل عن طريق الخارج، أي أنهم يؤكدون الجانب الاجتماعي للطبيعة البشرية، وإمكانية تشكيل الإنسان بالتفاعل الواعي مع الآخرين" (المعايطة والحليبي، 2005).

وللمدرسة البرجماتية مبادئها الخاصة بها، والمنبثقة من نظرتها إلى الكون والحياة والإنسان وأهم مبادئ هذه الفلسفة هي:

- كل شيء في هذه الحياة قابل للتغيير.

- الطريقة العملية هي أسلم وأفضل طريقة لاختيار الأفكار (الرميضي، 2004).

- أن الحق هو ما يستطيع أن يستخلصوه من تجارب حياتهم على أساس منفعتة بالنسبة لهم (جرادات وآخرون، 1983؛ ناصر، 1989).

التطبيقات التربوية للمدرسة البرجماتية

ركزت الفلسفة البرجماتية على الإبداع الفكري والممارسة العملية، والتجريب في العملية التربوية.

إن البرجماتية من أكثر الفلسفات انتشارا وظهورا من خلال نظرتها التربوية في الأنظمة التربوية المعاصرة، وبخاصة في النظام التربوي الأمريكي، فالبرجماتية في التربية الأمريكية كانت وما تزال ذات أهمية كبيرة ففي هذه الأيام، فإن كثيرا من المدارس تطبق الأفكار البرجماتية في التربية بطريقة أو بأخرى (مرسي، 1977).

فإن الهدف الأساسي للتربية عند أنصار هذه الفلسفة هو تنمية الذكاء لأنه أداة الحياة والتقدم فيها، والعقل عندهم أداة تساعدنا في فهم العالم الخارجي والسيطرة عليه (المعايطة والحليبي، 2005).

ودعت الفلسفة البرجماتية إلى الحرية في التعليم وجعل الديمقراطية مبدءا أساسيا في العملية التعليمية للأفراد.

فهي ترى ضرورة تربية الإنسان وإنمائه بصورة شاملة وتوجه التربية وفقا لمفهوم الديمقراطية التي تجعل من التعليم حاجة شعبية في ضوء إمكانات وقدرات الطالب، كما ترى أن الأهداف التربوية ينبغي أن تكون متغيرة تبعا لحاجات الإنسان المتعلم من ناحية، ووظيفة الحياة اليومية داخل المجتمع من ناحية أخرى (مرعي وآخرونن 1985).

ويشير ناصر (2004) إلى أن البرجماتية ترفض أن تكون التربية عملية بث المعرفة للتلميذ من أجل المعرفة، إنما ترى أنها تساعد الفرد على مواجهة احتياجات البيئة البيولوجية.

هذا وتربط البرجماتية بين الديمقراطية والتربية. فالتربية عندهم لابد وأن تبني على أساس ديمقراطي حيث أن كل فرد يجب أن يساهم في تطوير وحل المشاكل التي تهمه، وقد ربط ديوي بين الديمقراطية والتربية ربطا قويا وهذا ما أشار إليه (الرشدان وجعنيني، 1994).

ومن وجهة نظر البرجماتية أنها لا تعتبر التربية جانبا ديناميكيا للفلسفة بل هي في الحقيقة الفلسفة التي ظهرت من الممارسات التربوية (ناصر، 2004).

ويضيف عثامنة (2003) أن التربية البرجماتية ليست إعدادا للحياة فحسب وإنما هـي الحيـاة نفسها، فالمدرسة وجميع المؤسسات التربوية ينبغي أن تركز على مواقف الحياة، وليست علـى المواد الدراسية أو الكتب التراثية.

ويعتبر المعلم منظم للمعرفـة وليس نـاقلا لهـا، فمهـارة المعلم وذكـاؤه تقـاس بمـدى استثارة الميول وتحدي الإمكانات وتوفير الظروف الملائمـة للمـتعلم المسـتمر الفعـال (لبابنـه، 2002).

والمعلم البرجماتي يجب أن يكون مدركا لأثر الدافعيـة حيـث يـرى ديـوي "أن الأطفـال لديهم الدافع في طبيعتهم، ويجب على المعلم أن يستغل الدافعيـة الموجـودة لـديهم ويجب الفهم أن ليس جميع الأطفال بنفس الدرجة ولا يمكن تعليمهم بنفس الأسلوب، وبـالرغم مـن أن هناك بعض المشاريع التي يسمح بها عمل المجموعات إلا أنه يجب أن تكون هناك أعمال فردية" (شطناوي، 1990).

وإيمانا من البرجماتية بأن التغير هو سمة لكل شيء فإن المعلم البرجماتي يغير طريقتـه في التدريس من فصل إلى آخر (ناصر، 1989).

أما المنهج المدرسي في التربية البرجماتية، فهو منهاج مـرن ومتطـور ويبنـى علـى أسـاس تعاوني من قبل المهتمين والمختصين أصحاب الخبرات النافعة والجديدة، ولا تركيز فيه إلا علـى المادة الدراسية وحفظها وحشو عقول الطلبة بها بل تنظم الخبرات بطريقة سـليمة في عقـول الطلاب عند تعليمهم إياها، والمنهاج قائم بذلك على النشاط لا مكان فيه لتقسيم محتواه إلى مواد دراسية متعددة. وبذلك يركز المنهاج على الأنشطة اللامنهجية وتدعو المعلمين

إلى المشاركة في إعدادها لأنها تشبع الميول والحاجات التي يحتاجها الطلبة (طبش، 2007).

أما طرق التدريس في التربية البرجماتية، فقد استنكر البرجماتيون أساليب الحفظ وتخزين المعلومات في أذهان الطلبة بغير معنى وطالبوا بتنويع أساليب التدريس والتعليم بإتباع أساليب التجريب والعمل وأسلوب حل المشكلات والاستقصاء والاكتشاف وغيرها، ليتحول بذلك الطلبة إلى باحثين ليختبروا ويكتشفوا الأفكار والحقائق من خلال العمل، فطريقة التدريس في هذه الفلسفة تدور حول التعلم بالعمل على أساس المحاولة والخطأ (عبد الحفيظ، 2006).

وإيمانا من البرجماتية بأن التغير هو سمة أساسية لكل شيء فإن طريقة التدريس عند البرجماتي خاضعة للتغير من فصل إلى آخر ومن سنة إلى أخرى (ناصر، 2004).

أما رجب (1994) فيشير إلى فائدة تلك الطرق التدريسية للمدرسة البرجماتية بأنها تنمي لدى المتعلم الاستعدادات العقلية وتشجعه على الخلق والابتكار، وفي نظرتها إلى الطالب باعتباره قوة نفسية إنسانية عقلية عاطفية وخلقية وحركية كوحدة واحدة والتي عنها يصدر سلوكه (العاني، 2003).

وفي نظرتهم إلى المنهاج فإن البرجماتية تهتم اهتماما كبيرا بعملية المرونة في تنظيم محتوى المنهاج وفي استخدام طرق التدريس، فالمنهج عندهم يحبذ تنظيم الأنشطة والخبرات والمواد الدراسية حول تعليم الطريقة العلمية في التفكير وفي مواجهة المشكلات، ويعتمد البرجماتيون في بناء المنهاج على الميول

الطبيعية وفي مراحل نموه المختلفة، وبذلك يبدأ بالتأكيد على ما يريد من المنهج لا على الكتاب أو المادة أو المعلم (جميس، 1965).

وبناء على النظرية النفعية لهذه الفلسفة فإن هربرت سبنسر يؤكد كما ورد في مدكور (1991) أن محتوى المنهاج يجب أن يتم اختياره في ضوء المنفعة وفي ضوء المشكلات التي يتحمل أن تواجه الشباب في حياتهم اليومية عندما يتركون أماكن الدراسة.

فالمدرسة البرجماتية تعتبر الطالب محور العملية التعليمية القائمة على النشاط والحركة، كما تركز على ضرورة أن يتعلم الطالب وفق احتياجاته واهتماماته وما يواجهه من مصاعب (مرسي، 1995). كما تركز على ضرورة أن يتعلم الطالب تعلما ذاتيا بناء على الاهتمام الذي يبديه إزاء مشكلة ما (تركي، 2003).

بعد هذا العرض الموجز للمدارس والفلسفات البشرية، تعد هذه الفلسفات نتاج الفلاسفة الذين صرفوا جزءا كبيرا من حياتهم لدراسة حقول العلم المختلفة من أجل تأهيل أنفسهم ليصبحوا قادرين على البحث عن الحقيقة، ثم ربط تلك المعلومات وتركيبها وتحليلها لتشكل بالتالي مفاهيم واتجاهات وأساسيات تعد الركائز الأساسية لفلسفة معينة، وتعد هذه الأساسيات التي بنيت عليها الفلسفة حجر الرص الذي تدور حوله جميع أعمال معتنقي تلك الفلسفة حيث يستمد من هذه الأساسيات الفلسفية الأهداف والأمنيات العليا لمعتنقي تلك الفلسفة، ويتم وضع القوانين التشريعية، والقضائية، والتربوية، والاقتصادية، والاجتماعية في ضوء ذلك

ثانيا: مبادئ السلوك الاجتماعي للمدرسة الإسلامية وتطبيقاتها التربوية.

إن الحديث عن المدرسة الإسلامية يقودنا للحديث عن الإسلام وماهيته، والإسلام ومصدره، والإسلام وخصائصه لكي نعي كيف ينعكس الإسلام وتعاليمه على الأنماط السلوكية للإنسان، حيث وعد الله ذرية آدم بعد أن تقرر إذن الهبوط لآدم وحواء وعدوهما إبليس من عالم الغيب الى عالم الشهادة أن يبعث لهم الهدى الذي يقودهم إلى سدرة الحق والصواب فيما يتعلق بعالمي الغيب والشهادة بمثابة العطف والرحمة الإلهية لهذا المخلوق الضعيف أمام عدوه إبليس ليحرره من وسواسه وتسويلاته، لذلك فإن الأسس والمبادئ التي بنيت عليها المدرسة الإسلامية تشمل جميع ما جاءنا من عند الحق سبحانه وتعالى في كتابه المنير بالإضافة إلى جميع ما روي بدقة من سنة نبوية طاهرة عن نبينا الكريم صلى الله عليه وسلم (الحياري، 1994).

ولما كانت المدرسة الإسلامية مصدرها الهي، وتنهل تعاليمها من القران الكريم، والسنة النبوية الشريفة، وكانت المدرسة التي تمتاز بالاستمرارية.

حيث تعد المدرسة الإسلامية الوحيدة من بين المدارس الفكرية التي تستند إلى مصدر إلهي، حيث تمثل هذه المدرسة الأصل الإلهي للفكر التربوي، فهي تستند إلى مصدرين أساسيين هما: القرآن الكريم أولا والسنة النبوية ثانيا، يقول الرشدان (2002) ويمكن اعتبار القرآن والسنة المصدرين الأساسيين للفكر التربوي الإسلامي على أساس:

1- أن المبادئ والأسس التي جاءت فيها إنما تعبران صريحا وواضحا عن مدى صلاحيتها للتطبيق في كل زمان ومكان، وذلك بفضل أعمال الفكر لتحويل هذه المبادئ والأسس إلى واقع تربوي.

2- إن القرآن الكريم أتى بالمبادئ العامة وفعلتها وبينتها السنة النبوية الشريفة التي استطاعت ترجمة الوحي إلى واقع حي ملموس ومشاهد بمعنى أنها حولت النص إلى واقع، ويتفق هذا مع ما أشار إليه كل من (المعايطة والحليبي 2005؛ والتل 2000).

وقد جاء الفكر التربوي الإسلامي بتصور متميز للكون والإنسان والحياة صادر عن رسالة الإسلام العالمية الخاتمة، إنه التصور الذي لا يأخذ جانبا من الوجود ويدع جانبا آخر وإنما يأخذ الوجود كله بمادياته وروحانياته، بشهوده وغيبياته، وكل كائناته، لذلك فإن هذا التصور بشعبه الثلاث الكون والإنسان والحياة هو القاعدة والأساس الذي تبنى عليه التربية الإسلامية (مدكور، 1991).

ويرى قطب (1981) أن التصور الإسلامي يبدأ من الحقيقة الإلهية التي يصدر عنها الوجود كله، ثم يسير مع هذا الوجود في كل صوره وأشكاله وكائناته وموجوداته، ويعني عناية خاصة بالإنسان، خليفة الله في الأرض، فيعطيه مساحة واسعة من الصورة ثم يعود بالوجود كله مرة أخرى إلى الحقيقة الإلهية التي صدر منها وإليها يعود.

فالفكر الإسلامي إلهي المصدر، يبني تصوراته لكل عناصر الوجود على ما جاء في القرآن وما ثبت من السنة، أما ما يصدر عن العلماء والمفكرين المسلمين من آراء وأفكار تربوية فإنها وعلى حد تعبير النحلاوي (1997)

لا تعد مصدرا من مصادر الفكر التربوي الإسلامي وإنما هي اجتهادات لفهم القرآن والسنة، والمكان اللائق بها هو محتوى المنهاج وطرق التدريس والتقويم وليس الأصول الموجهة للمجتمع.

ويقول علي (1991، ص80):"أن الإسلام منهج حياة للبشرية بكل مقوماتها فهو إدارة وقيادة وتربية كما هو اقتصاد واجتماع وسياسة، وكما هو عقيدة فهو دين كلي وشامل ودستور لحياة البشرية جمعاء.

فالأخلاق الحسنة للمجتمع كالأساس للبنيان فهي دعامة أساسية لقيامه، وركيزة لبقائه وأمته فالأخلاق هي سلوكيات اجتماعية يلتزم بها أفراد المجتمع الإسلامي بوحي من إيمانهم وعقيدتهم بالله تعالى طمعا في أجره وثوابه وخوفا من عذابه (أيوب، 2002).

ويمتاز الفكر التربوي الإسلامي بميزات يختص بها دون غيره وهذه المميزات هي: ربانية المصدر والثبات والعالمية والشمول والتوازن والإيجابية والواقعية وهي صفات مشتقة من الدين الإسلامي الذي يمثل الإطار العام للفكر التربوي الإسلامي (مدكور، 1991).

وعلى أساس هذه المبادئ سالفة الذكر تتشكل النظرة الإسلامية للطبيعة الإنسانية، والعقل والمعرفة والقيم. وتنظر المدرسة الإسلامية للطبيعة الإنسانية كما ورد في التل وشعراوي (2006 ,72) على أنها:

1- ذات طبيعة مزدوجة من المادة والروح، ولديها الاستعداد ونقيضه وقال تعالى:
"سواه ونفخ فيه من روحه وجعل لكم السمع (والأبصار

والأفئدة قليلا ما تشكرون)(السجدة، 9).وقال تعالى (فإذا سويته ونفخت فيه من روحي فقعوا له ساجدين)

2- مزودة باستعدادات الخير والشر، وأنها تتشكل عن طريق التنشئة التربوية وحسب ما تسمح به قدراتها وإمكانياتها وقال تعالى(فهم على آثارهم يهرعون) (الصافات: ٧٠)، وقال الله تعالى(وقد خاب من دساها)(الشمس: 10).

3- بينها فروق فردية، قال تعالى(ولا تقربوا مال اليتيم إلا بالتي هي أحسن حتى يبلغ أشده وأوفوا الكيل والميزان بالقسط لا نكلف نفسا إلا وسعها وإذا قلتم فاعدلوا ولو كان ذا قربى وبعهد الله أوفوا ذلكم وصاكم به لعلكم تذكرون)(الأنعام: ١٥٢). قال تعالى:

)لينفق ذو سعة من سعته ومن قدر عليه رزقه فلينفق مما آتاه الله لا يكلف الله نفسا إلا ما آتاها سيجعل الله بعد عسر يسرا)(الطلاق: ٧).

4- لها قدرتها على التأمل والتفكير، قال تعالى(وفي أنفسكم أفلا تبصرون)(الذاريات، 21)، قال تعالى(فلينظر الإنسان مم خلق)(الطارق:5).

وفيما يتعلق بالإنسان وحرية الاختيار يشير (الحياري، 1994) أن الإنسان خلق تشريعا لطاعة الله تعالى وليس تكوينا، وهذا يقودنا إلى أن الحق سبحانه وتعالى منح الإنسان حرية الاختيار في إتباع الشرع الذي أرسله هدى وبشرى للعاملين وبين الابتعاد عنه واتباع شهواته ورغباته وهذا متمثل في

قوله تعالى(ولو شاء ربك لآمن من في الأرض كلهم جميعا أفأنت تكره الناس حتى يكونوا مؤمنين)يونس، 99)، وقال تعالى:
(لا إكراه في الدين قد تبين الرشد من الغي فمن يكفر بالطاغوت ويؤمن بالله فقد استمسك بالعروة الوثقى لانفصام لها و الله سميع عليم)البقرة، 256).

اهتمت التربية الإسلامية بتربية العقل واحترام الفكر النابع منه وتهذيبه بشتى الطرق والوسائل الإسلامية .

أما نظرة المدرسة الإسلامية للعقل، حيث يعتبر الإسلام العقل مناط التكليف والخطاب الإلهي، ويحترم الإسلام مبدأ حرية التفكير والنتائج التي توصل إليها الإنسان بعقله، ويعتبر تربية العقل فريضة إسلامية، ومن طرق تربيته تنقيته من كل مظاهر التبعية والتقليد الأعمى التي لا يعترف بها الإسلام، فهو يحث المقلدين الذين يقولون(وما لهم به من علم إن يتبعون إلا الظن وإن الظن لا يغني من الحق شيئا)النجم، 28)، إلى التثبت من كل شيء قبل الاعتقاد به، ومن طرق تربية العقل، كذلك توجيهه إلى تذليل كل ما في الكون الذي سخره الله تعالى له فهو الذي يشرف عليه وهو صاحب السلطان عليه (مدكور، 2002).

واشار (طبش، 2007).الى تاكيد التربية الإسلامية على ضرورة تحرير العقل من الأوهـام والخرافات والمعتقدات التي لم تقم على دليل أو برهان، وتزويده بالمعتقدات الصحيحة حـول الوجود، وخلق الإنسان والحياة، ومصيره

وقال تعالى في سورة الإسراء(ولا تقف ما ليس لك به علم إن السمع والبصر والفؤاد كل أولئك كان عنه مسئولا)الاسراء، 36)

واهتمت التربية الإسلامية بالمعرفة والقيم الإسلامية.

وللوصول إلى المعرفة فإن المدرسة الإسلامية تعتمد الوحي والتبليغ على أنه المصدر الوحيد للوصول إلى المعرفة عن حقائق الوجود وأسراره، وطبيعة النفس الإنسانية ومكانتها في الكون، وهذا يشمل كافة المعلومات التي أطلعنا عليها الحق سبحانه وتعالى عن طريق رسله وكتبه على مر التاريخ ، وهذا يمثل النوع الأول من المعرفة، أما النوع الثاني فان المدرسة الإسلامية تعتمد النظريات العقلية، والنظريات الحسية، ونظرية التجربة والبرهان في الوصول إلى المعارف الحقيقية للأشياء والأمور التي يقوى الإنسان في الوصول إلى لبابها (الحياري، 1994).

أما فيما يتعلق بالقيم فإن الحق سبحانه وتعالى بين لنا سبل الخير وأمرنا بإتباعها كما بين لنا سبل الشر ونهانا عن إتباعها، فسبيل الخير في ضوء المدرسة الإسلامية يشمل الخير في الدنيا والآخرة، وكذلك بالنسبة إلى سبيل الشر، لذلك فإن قيمة الأشياء والأمور التي بينها لنا الحق سبحانه وتعالى في كتابه العزيز وفصلها رسوله الكريم في سنته النبوية الطاهرة تبدو واضحة جلية في الأنظمة والقوانين والتشريعات الإسلامية، أما بالنسبة للأمور التي لم يرد فيها نص شرعي سواء أكان نصا قرآنيا أم حديثا نبويا شريفا، فإن قيمتها تكمن فيما تحققه من خير للناس وللمجتمع بجانب الانسجام التام مع الدين الإسلامي وتعليماته (الحياري، 1994).ويرى حسان وآخرون (2004) أن القيم تقسم إلى قسمين هما:

1- قيم فوقية: وهذه قيم ثابتة وخالدة ولا تتغير ولا يجوز للإنسان أن يجتهد فيها كمعرفة كونية أخبر عنها القرآن الكريم والسنة النبوية الشريفة.

2- قيم اصطلاحية: وهي قيم نسبية متغيرة بتغير المواقف والأزمان. وتسمى اصطلاحية لأن الناس اصطلحوا عليها ومجال الاختيار فيها مفتوح أمام الإنسان والمعيار الرئيسي للقيم الفوقية أو الاصطلاحية هو المواءمة بين الإيمان الموجود في القلب والقول المتمثل باللسان.

ويرى الباحث أن التربية الإسلامية تمتاز بأنها ليست حكرا على فئة محددة من البشر- بل هي للبشرية جمعاء من آدم عليه السلام إلى أن يرث الله الأرض ومن عليها، وإن مما لا شك فيه أن التربية الإسلامية لم تترك أمرا من أمور الدنيا إلا وأتت بالمبادئ التي تحكمه وتهيمن عليه وتبين ما له وما عليه فلابد إذا أن تكون مبادئها العامة صالحة للتطبيق في كل زمان ومكان إلى أن يرث الله الأرض ومن عليها.

التطبيقات التربوية للمدرسة الإسلامية

برز هدف التربية في المدرسة الإسلامية بإرضاء الخالق من خلال العبادة له سبحانه، وتطبيق تعاليم الإسلام السمحة.

لقد كان الهدف من التربية الإسلامية دينيا ودنيويا حيث قال تعالى(**قال رب بما أنعمت علي فلن أكون ظهيرا للمجرمين**)القصص، 17)، وتهدف التربية إلى إرضاء الخالق سبحانه وتعالى، وإلى هداية الناس أجمعين، والعمل على رقي الحياة، وتهدف التنشئة الاجتماعية إلى إعداد المسلم إعدادا روحيا وماديا، ونظرت التربية إلى الفرد من حيث

علاقته بالله ومن حيث علاقته بالمجتمع (ناصر، 2004) وقامت التربية الإسلامية على عدة ركائز وهي: أنها تكاملية متوازنة، سلوكية، عملية، فردية اجتماعية، تربية لضمير الإنسان، وتربية لفطرة الإنسان وإعلاء لغرائزه، تربية موجهة نحو الخير (النحلاوي، 1997).

وإن الرؤية الإسلامية لمفهوم التربية تهدف إلى بلوغ الكمال الإنساني، فالإسلام نفسه يمثل بلوغ الكمال الديني، فهو خاتم الأديان وأكملها وأنضجها كما في قوله تعالى(اليوم أكملت لكم دينكم وأتممت عليكم نعمتي ورضيت لكم الإسلام دينا فمن اضطر في مخمصة غير متجانف لإثم فإن الله غفور رحيم)(المائدة، 3) وقال تعالى (كنتم خير أمة أخرجت للناس تأمرون بالمعروف وتنهون عن المنكر وتؤمنون بالله ولو آمن أهل الكتاب لكان خيرا لهم منهم المؤمنون وأكثرهم الفاسقون)آل عمران، 110).

وقد نظر الفكر الإسلامي إلى التربية نظرة شمولية تقوم على تنمية جميع جوانب شخصية المتعلم، لتحقيق هدف أساسي ورئيسي ألا وهو عبودية الفرد لله والفوز برضاه وقال تعالى(قل إن صلاتي ونسكي ومحياي ومماتي لله رب العالمين)(الانعام، 162)وكما في قوله تعالى(وما خلقت الجن والإنس إلا ليعبدون)(الذاريات، 56). وهكذا خلق الله الخلق جميعا لهدف مقصود وهو لعبادته (العاني، 1998).

ويرى الحياري (1994) أن التربية في المجتمع المسلم هي الوسيلة المثلى في توضيح وإرساء دعائم العقيدة والمثل والقيم في نفوس أبناء المجتمع وفق الإطار الفكري العام للنهج الإسلامي.

وتتمثل مسؤولية المجتمع الإسلامي في تربية أبنائه على أمور وأساليب تعتبر من أفضل أساليب التربية الاجتماعية وأهمها (الرشدان، 2002، 48):

1- كلف اللـه سبحانه وتعالى المجتمع الإسلامي بالأمر بالمعروف والنهي عن المنكر قال تعالى(**ولتكن منكم أمة يدعون إلى الخير ويأمرون بالمعروف وينهون عن المنكر وأولئك هم المفلحون**)(آل عمران، 104) وقال سبحانه وتعالى(**كنتم خير أمة أخرجت للناس تأمرون بالمعروف وتنهون عن المنكر وتؤمنون بالله ولو آمن أهل الكتاب لكان خيرا لهم منهم المؤمنون وأكثرهم الفاسقون لن يضروكم إلا أذى وإن يقاتلوكم يولوكم الأدبار ثم لا ينصرون**)(آل عمران، 110)، وتعني تربية الناشئين على هذا الأساس أن نصون فطرتهم الطاهرة عن الدنس وارتكاب الأخطاء، واستهواء الرذيلة، وأن يعمل الراشدون على غرس معاني الإيمان في قلوب الناشئين في شتى المناسبات، بلغت أنظارهم إلى جميع ظواهر الكون التي تدل على قدرة اللـه وعظمته ووحدانيته، وأن يهذبون سلوكهم بأداب الإسلام.

2- يعتبر جميع الناشئين في المجتمع الإسلامي هم أبناء أو أبناء إخوة لجميع الراشدين أو الكهول، فكل كهل ينادي أي ناشئ مسلم "يا ابن أخي" وكل ناشئ ينادي أي كهل بلفظ)يا عم) عملا بقوله تعالى(**إنما المؤمنون إخوة فأصلحوا بين أخويكم واتقوا اللـه لعلكم ترحمون**)الحجرات:10) وقد شعر المسلمون منذ فجر الإسلام بهذه المسؤولية المشتركة عن تعليم الناشئين.

3- التأديب عن طريق إظهار سخط المجتمع وتعنيفه للمسيء بالنقد الاجتماعي اللاذع من الأساليب الإيجابية للتربية الاجتماعية في الإسلام.

4- التأديب بالحرمان الاجتماعي أو الهجر والمقاطعة من الأساليب التي اتخذها الرسول صلى الله عليه وسلم بأمر من وسيلة لتأديب المتخلفين عن الحرب، فأمر الصحابة بمقاطعة الثلاثة الذين تخلفوا عن تقديم أنفسهم للجندية حين أعلن النفير العام، فكانت هذه التربية بواسطة الضغط الجماعي الواعي المقصود من أبلغ الوسائل وأشدها تأثيرا في النفوس (علي، 1991).

والتربية الاجتماعية بالتعاون حيث تعتبر التربية الإسلامية للمجتمع المسلم كيانا حيا واحدا، فقد شبه رسول الله صلى الله عليه وسلم هذا المجتمع بالجسد الواحد. وعلى هذا الأساس العظيم رغب القرآن الكريم بالتعاون وقال تعالى(وتعاونوا على البر والتقوى ولا تعاونوا على الإثم والعدوان واتقوا الله إن الله شديد العقاب) المائدة، 2). وتؤكد هذه الآية على أن أوامر المحبة التي يقوم عليها التعاون بين أفراد المجتمع المسلم، إنما تقوم على تحقيق الخير والبر والتقوى والبعد عن المعصية والشرك بالله، وهذا ما يميز التربية الإسلامية عن باقي التربيات التي تستهدف إلى إيجاد المواطن الصالح الذي يتعصب لقومه ووطنه دون أن يستهدف خيرا أو عدلا أو يبعد الشر عن الآخرين (مدكور، 2002).

وقد استطاع الفكر الإسلامي أن ينتج إنسانا ومجتمعا وأن ينتج فكرا ونظاما تربويا ملبيا لحاجات الفكر والمجتمع الإسلامي، عاكسا بوضوح للفكرة الإسلامية ومترجما لها، كل ذلك بفضل التربية الإسلامية الوسيطة المتوازنة

الشاملة التي سادها وسط ديني عقلي جسدي نفسي يمكن للإنسان بفضله أن يحقق ذاته (شرقاوي، 1998).

والهدف الكلي للتربية والتعليم في الإسلام هو أن يصير كل إنسان عابدا لله تعالى (قزاقزه، 1997). وهذا الهدف هو ما أشار إليه سبحانه وتعالى في قوله(**وما خلقت الجن والإنس إلا ليعبدون**)الذاريات، 56). وقد ركزت التربية الإسلامية في أهدافها على جوانب عدة، فالأخلاق والتربية الأخلاقية كان لها مكانها في ضوء أهداف التربية الإسلامية، حيث هدفت إلى تنمية أخلاقيات معينة لدى الإنسان، أي تنمية عادات سليمة تتفق مع الفكرة الإسلامية عن الأشياء يسير عليها في حياته (جنيدل، 1981).

ويرى الباحث أن التربية الأخلاقية أساسية في ضوء الفكر الإسلامي وأن كل درس يجب أن يكون درس أخلاق، وكل معلم يجب أن يراعي الأخلاق في المؤسسة التعليمية التي يعمل بها.

وكان للتربية الاجتماعية مكانها ضمن أهداف التربية الإسلامية فقد عملت التربية الإسلامية على تنمية الشخصية الاجتماعية بناء على أساس من القيم الاجتماعية التي تنبع أساسا من حاجة الإنسان إلى الارتباط بغيره من الأفراد، وقد عرض القرآن ألوانا من هذه القيم فيما يتعلق في العلاقات بين الناس كالعدل والمساواة والإخاء والتواضع والإخلاص والمحبة والأمر بالمعروف والنهي عن المنكر (الحموري، 2002).

وهناك أهداف فكرية تتمثل في تنمية ذكاء الإنسان، وتنمية قدرته على التأمل والنظر والتفكير ووسيلتها في ذلك دعوة الإنسان إلى النظر في الطبيعة وفي الكون وفي النفس البشرية نفسها وتأملها (سلطان، 1996).

وقد ذكر الحيـاري (1994، ص347-348) أن التربيـة في المجتمـع الإسلامي تسـعى إلى تحقيق الأهداف التربوية التالية:

- تمكين الإنسان من تحقيق الغاية الوجودية التي خلـق مـن أجلها وهـي عبـادة الـله سبحانه وتعالى والفوز برضاه.

- تأهيل الإنسان وفق المعتقدات الفكرية، والأنماط السـلوكية، والقوانين والأنظمـة الإنسانية في شـتى أمـور الحيـاة ليفـوز في الامتحـان الشامل الذي أقره الحـق سبحانه وتعالى على الإنسان في الحياة الدنيا.

- قيادة الإنسان وتوجيهه نحو مصدر الخـير والهـدى سـواء في وجـوده المؤقت في الحياة الدنيا أم في وجوده الخالد في اليوم الآخر.

- مساعدة الإنسان وتقوية شكيمته في مقاومة عدوه اللدود إبليس والتخلص مـن أحابيله وتسويلاته.

- مساعدة الإنسان على إرساء قواعد العدل وتثبيت دعائم المساواة بـين النـاس في مختلف قضاياهم الحياتية.

- مساعدة الإنسان في الوصول إلى أعلى منزلة بين سائر المخلوقات.

- تحرير العقل الإنساني من مختلف الخرافات والأساطير التي تـدور حـول الكـون الميتافيزيقي والكون الفيزيقي.

- تحرير العقل الإنساني من ضغوط الشهوات والمحافظة على مكانتـه القيادية في ذات الإنسان.

- مساعدة الإنسان على التركيز على جانب الخير في ذاته والابتعاد عن جانب الشر وما يعكسـه مـن اعتقـادات فاسـدة وأنمـاط سـلوكية هابطـة تـؤدي إلى إثـارة الفحشاء والبغضاء والعداوة بين الإنسان وأخيه.

- السعي إلى بث التعاون والإخاء بين الناس ونبـذ شـتى الأفكـار والأسـاليب التـي تؤدي إلى الاستكبار، والاستعلاء، والتفوق العرقي.

- تعميق جذور الإيمان ورفع مستوى التقوى في نفوس التلاميـذ لتكـوين وإعـداد الإنسان الصالح.

- تنمية روح الجهاد والتضحية بالنفس من أجل المبادئ السامية التي ينادي بها النهج الإلهي.

- تأهيل أفراد المجتمع بمختلف العلوم والمعارف التي تساهم في تحقيق أهـداف المجتمع المسلم بما يتفق مع النهج الإلهي وما ينسجم مـع التطـور الحضـاري الإنساني عبر العصور والقرون.

- إعداد أفراد المجتمع بشكل علمي تربوي سليم يسمح لهم بـدرء الشـبهات عـن الإسلام ومجتمعه، والمسـاهمة الفاعلـة في عمليـة درء الغـزو الفكـري والصـراع الأيـدولوجي عـلى المسـتوى العـالمي في شـتى المجـالات والمحافـل العلميـة والسياسية، والاقتصادية، والعسكرية، والرياضية.

وأهداف التربية الإسلامية كما يراها النحوي (2000) هـي بنـاء الإنسـان المـؤمن الـذي يحمل رسالة في الحياة، وبناء الجيل المؤمن وبناء الأمة المسلمة

الواحدة، كما تهدف إلى حماية فطرة الإنسان وتحقيق الأخوة في الله وتقوية الروابط الإيمانية فالتربية الإسلامية لا تعني فقط ذلك الجزء من المنهج الذي يهتم بتلقين المتعلمين التعاليم الإسلامية في الجانب ألاعتقادي والعبادات والمعاملات والأخلاق بل أن التربية الإسلامية تعني منهجا كاملا للحياة، وللنظام التعليمي بكافة مكوناته، وذلك للاعتبارات الآتية كما يذكرها المعايطة (2006):

1- أن التربية الإسلامية تضم جميع نواحي حياة الإنسان، ولا ينصب اهتمامها فقط على ناحية واحدة، أو جانب واحد، مما يدخل تحت مفهوم الإنسان كما حدده الإسلام.

2- إن التربية الإسلامية تتناول الحياة الدنيا والحياة والآخرة على قدم المساواة، ولا تقم بواحد منهما فقط، على حساب الآخر، فللجانبين في الإسلام نفس الأهمية.

3- إن التربية الإسلامية تعني بالإنسان في كل مناشط حياته، وتنمي لديه العلاقات التي تربطه بالآخرين.

4- إن التربية الإسلامية مستمرة، تبدأ منذ تكوين الإنسان جنينا في بطن أمه إلى أن تنتهي حياته على الأرض.

5- إن منهج التربية الإسلامية حين طبق بتكامله وشموله واتزانه، خرج للحياة أناسا هم الأحياء، الذين لم يكونوا زهادا فقط، بل كان لهم نصيب من الدنيا، تماما كما كان لهم نصيب من الآخرة.

أما نظرة المدرسة الإسلامية للمعلم فهي كما أشار إليها المعايطة والحليبي (2005). فهي نظرة تقديس وإجلال وتعظيم، وبهذا الخصوص يقول الإمام

الغزالي: فمن علم وعمل بما علم فهو الذي يدعى عظيما في ملكوت السموات، فإنه كالشمس تضيء لغيرها، ومن اشتغل بالتعليم فقد تقلد أمرا عظيما وخطرا جسيما، فليحفظ آدابه ووظائفه، وقد اشترط الإسلام في المعلم أن يكون متدينا، صادقا في عمله، وحليما يتحلى بالوقار وبالرفق والتواضع، وعليه أن يقصد بتعليمه مرضاة اللـه تعالى قبل أي شيء آخر.

ويشير حسان وآخرون (2004) أن المعلم يحتل مكانة هامة في التربية الإسلامية. حيث ركزت على المعلم القدوة بسلوكه وأخلاقه، متمكنا من مادته وتخصصه، ودودا مع طلابه، وغيرها من الصفات الحميدة.

وتنظر المدرسة الإسلامية إلى المعلم نظرة خاصة، وتنزله منزلة رفيعة ومكانة متميزة بين أفراد المجتمع الإسلامي، وقد ذكر الشيباني (1992) بعض الأدلة من القرآن والسنة الدالة على أهمية المعلم في ضوء المدرسة الإسلامية ومنها قوله تعالى(ومن الناس والدواب والأنعام مختلف ألوانه كذلك إنما يخشى اللـه من عباده العلماء إن اللـه عزيز غفور)فاطر، 28). وقال تعالى(يا أيها الذين آمنوا إذا قيل لكم تفسحوا في المجالس فافسحوا يفسح اللـه لكم وإذا قيل انشزوا فانشزوا يرفع اللـه الذين آمنوا منكم والذين أوتوا العلم درجات و اللـه بما تعملون خبير)المجادلة، 11). وقوله صلى اللـه عليه وسلم:"فضل العالم على العابد كفضل القمر ليلة البدر على سائر الكواكب (رواه أبو داوود والترمذي). وقول الإمام علي -رضي اللـه عنه-:"العالم أفضل من الصائم القائم المجاهد، وإذا مات العالم ثلم في الإسلام ثلمة لا يسدها إلا خلف منه". ويضيف (القائمي، 1995) أن الأنبياء معلمون مبعوثون من قبل اللـه وقد ورد

في حديث منسوب للنبي صلى الله عليه وسلم قوله:"إني بعثت معلما " وهذا يعبر عن دوره التعليمي فهو يعلم الناس الكتاب والحكمة، وبالنتيجة فإن المكانة الإيجابية أو السلبية للمعلم في المدرسة الإسلامية تتعلق بهذا الأمر. فالمعلم الجيد يمثل جزء من مصير الطفل، ويوفر من كل النواحي مستلزمات إصلاحه أو إفساده.

أما المنهاج المدرسي في نظر المدرسة الإسلامية فإنه يجب أن يحتوي على العلوم الدينية كالعبادات والفقه والتفسير، والعلوم الدنيوية التي تنمي العقل والجسم، وتزوده بالمعارف والمهارات (الحاج محمد، 2001).

وأضاف مدكور (2002) ضرورة احتواء المنهاج على المؤاد التي تؤدي إلى تسخير الطاقة المادية لخدمة الإنسان في عمارة الأرض مثل الرياضيات، والأحياء، والكيمياء، و العلوم.

أما النظرة الإسلامية إلى طرق التدريس وأساليب التدريس فمن الملاحظ أن هذه الطرق متعددة ومتنوعة، تختلف باختلاف أغراض التعليم وباختلاف العلوم والمواد الدراسية وباختلاف الدروس والموضوعات باختلاف مرحلة النمو والدراسة للمتعلم وباختلاف نضج المتعلم الجسمي والعقلي والعاطفي والاجتماعي ومدى استعداده وتقدمه وسابقة معلوماته وخبراته ومستوى وعيه وثقافته (الشيباني، 1992).

وذكرت العاني (2003) طرقا تدريسية في حقل التعليم في المدرسة الإسلامية منها أسلوب القدوة، والحوار الجدلي، وأسلوب القصص، وأسلوب المناقشة، وأسلوب الاكتشاف، وأسلوب ضرب الأمثال وأسلوب

الإثارة للحواس. ويرى أبو جلالة والعبادي (2001)، إلى استخدام التلقين والحفظ بالنسبة للصغار عند تعليمهم القرآن.

والمناهج في المدرسة الإسلامية يجب أن تكون مستمدة من تعاليم الإسلام سواء كانت مناهج دينية أو طبيعية أو كونية أو غيرها من المواد التي تدرس في بلاد المسلمين، وألا يفصل الدين عن الحياة في شتى المجالات (الكيلاني، 1998).

ويرى أحمد (1997) أن أبرز معالم المنهاج في التربية الإسلامية هي عنايته بالجسم والعقل والروح فمن مجموعها تتكون الشخصية الإنسانية، وكذلك أن يجعل القرآن الكريم هو كل شيء في حياة المسلم فهو المصدر الأول للتعليم والتربية والسلوك ويعد القرآن الكريم الأساس في مناهج التربية في المدرسة وهو أول العلوم التي ينبغي أن يدرسها الطالب وهو المحور الذي يدور عليها التعليم.

ويرى الباحث أن المدرسة الإسلامية وإن كانت تضع القرآن الكريم على رأس متطلباتها ومحتوياتها التعليمية فإنها لا تعمل العلوم الأخرى على اختلاف أنواعها فالحكمة ضالة المؤمن وهو مطالب بالبحث عنها وإن كانت عند غير المسلمين لقوله صلى الله عليه وسلم:"الحكمة ضالة المؤمن، فحيث وجدها فهو أحق بها" (الترمذي).

أما الطالب فهو محور العملية التربوية وتنظر التربية الإسلامية للطالب على أن له شخصية مستقلة وإرادة وحرية مسئولة لا تضر بالمجتمع (الشيباني، 1988).

فالطالب المتعلم في ضوء المدرسة الإسلامية من خلال القرآن الكريم قد رسم صورة مشرفة للإنسان فهو محور العملية التربوية ومن هنا يمكن القول أن جميع الممارسات التربوية تؤول إلى الإخفاق ما لم تبن على فهم واضح وصحيح لماهية المتعلم وخصائصه، والمجتمعات الغربية التي أحرزت نجاحات كبيرة في الجانب الحضاري المادي، وأخفقت في تحقيق السعادة للإنسان لجهلها بحاجاته (عبد الله، 1988).

ويرى الباحث أن المجتمعات المختلفة تتطور باستمرار من جوانب متعددة ولكن بعد فترة معينة تبدأ بالنزول والزوال وتبدأ مبادئها السلوكية الاجتماعية بالانحسار والتفتت، ولكن ترى المجتمعات الإسلامية المتمثلة بالقرآن الكريم والسنة المطهرة وملتزمة بين جنباتها بروح المبادئ السلوكية والأخلاق والقيم، وهذه المبادئ والمدرسة الإسلامية القائمة على الصدق والتواضع والعدل والمساواة لا تتغير بتغير الزمان والمكان وهذه ميزة المجتمع المسلم.

ويرى الباحث أن المبادئ العامة للفلسفات الوضعية، فيما يتعلق بنظرتها للكون والوجود والى غيرها من القضايا التي شغلت بال الفلسفات القديمة والحديثة، ووجدنا أن تلك الفلسفات تستمد أفكارها حول هذه القضايا من المعرفة البشرية، سواء أكانت نظرية المثل الأفلاطونية، أو النظريات العقلية، أو النظرية الحسية، أو النظرية العقلية، وقد أنكر أقطاب هذه الفلسفات مصدر الوحي والتبليغ كمصدر للمعرفة؛ لأنه لا يعتمد على القدرات الذاتية للفرد، حيث يعد هذا الإنكار من المثالب الأساسية للفلسفات. وعلى عكس ما ذهب اليه الفلاسفة ؛ فان المدرسة الإسلامية

اعتمدت على مصدر الوحي والتبليغ في المسائل الوجودية وغيرها من الأمور الهامة التي تمس الإنسان، وتؤثر في معتقداته وأنماطه السلوكية في هذا الوجود، بجانب استخدام المصادر المعرفية البشرية للوصول إلى حقائق الأمور المتصلة بعالم الحس، وبهذا تكون المدرسة الإسلامية قد أسست على معلومات إلهية ثابتة ودقيقه حول الوجود الفيزيقي والميتافيزيقي، كما وبين لنا الحق سبحانه وتعالى أن الهدى الذي أرسله إلى الإنسان قد اكتمل على يد خاتم الأنبياء والمرسلين. وقال تعالى(اليوم أكملت لكم دينكم وأتممت عليكم نعمتي ورضيت لكم الإسلام دينا فمن اضطر في مخمصة غير متجانف لإثم فإن الله غفور رحيم) (المائدة،3) ومن هنا نرى أن المبادئ والأسس التي بنيت عليها المدارس الفلسفية، هي من فكر البشر ونظرياته الزائلة،. أما المبادئ والأسس التي بنيت عليها المدرسة الإسلامية تشمل جميع ما جاء من عند الحق سبحانه وتعالى في كتابه العزيز إلى ما ثبت بدقة متناهية من سنة الرسول صلى الله عليه وسلم.

ثانيا: الدراسات السابقة

بالرغم من أهمية هذا البحث الذي تناولته (مبادئ السلوك الاجتماعي للمجتمع المسلم والمجتمع المعاصر") إلا أنه لم يعثر بحدود علم الباحث على أي دراسة سابقة في هذا الموضوع لذلك سيقوم الباحث بعرض الدراسات التي تتناول بعض جوانب هذا الموضوع كالدراسات التي عالجت قضايا السلوك والقيم والآداب والأخلاق والجوانب السلوكية وتطبيقاتها في المؤسسات التربوية والاجتماعية والنقابية والحزبية باعتبار أن هذه القضايا تمثل أساسا مهما من أسس ومبادئ السلوك الاجتماعي للمجتمع المسلم وتم ترتيب الدراسات من القديم الى الحديث ومن هذه الدراسات ما يلي:

وقد قام النقيب ودياب (1984) بدراسة بعنوان "الالتزام الإسلامي لدى الشباب الجامعي "هدفت هذه الدراسة إلى بيان مدى الالتزام الإسلامي لدى الشباب الجامعي وقدم الباحث بدراسته إشارة إلى أن مرحلة الشباب ذات أهمية خاصة في حياة الأفراد والجماعات. ولما كان الالتزام الإسلامي يعتبر مصدرا هاما من مصادر رضاء الشباب عن نفسه وإحساسه بأنه عضو نافع في المجتمع وان له رسالة في تلك الحياة فان معرفة مدى الالتزام الديني الإسلامي لدى الشباب يعتبر في نظر الدراسة من أهم الدراسات المعاصرة والدراسة الحالية تحاول أن تقيس مدى الالتزام الديني لدى الشباب الجامعي بجامعة المنصورة وذلك باستخدام "مقياس الالتزام الديني لدى الشباب المسلم "المشار إليها بالدراسة ، وقد طبقت الدراسة هذه الأداة على عينة عشوائية عددها 557طالبا وطالبة بالفرقة الثالثة بكليات الآداب والزراعة والتربية، الأولى نظرية، والثانية عملية، والأخيرة تجمع بين الاثنين ولقد اظهر تطبيق

المقياس أن 24% تقريبا من أفراد العينة لديهم التزاما قويا، وان 60% لديهم التزاما متوسطا وان 16%لديهم التزاما ضعيفا، وأوضحت الدراسة الدلالات الإحصائية بين الذكور والإناث عن مدى الالتزام والعلاقة بين ذلك ونوع الكلية التي ينتمون إليه، والدراسة جاءت كمحاولة أولية لتطبيق "مقياس الالتزام الديني لدى الشباب المسلم "ودعوة مفتوحة إلى تعميم تطبيقه على عينات اكبر وأكثر تنوعا ومحاولة تصميم أدوات موضوعية أخرى مساعدة أو مستقلة لقياس هذا الالتزام بطريقة عملية حتى تصبح الخريطة الإسلامية لشبابنا أكثر وضوحا لدى الأجهزة المختلفة المهتمة بالشباب وتربيته ورعايته.

وقد قام حجاج (1987) بدراسة بعنوان "النمو الخلقي والتربية الخلقية " تهدف هذه الدراسة إلى بيان مفهومي النمو الخلقي والتربية الخلقية وبيان مجال اختصاصهما من خلال الأسرة و المؤسسات الدينية, وأشارت هذه الدراسة إلى الوضع الجدلي للتربية الخلقية و هي المشكلة التي تتعرض لها هذه الدراسة وتتمثل في ذلك الإحجام التقليدي للمدرسة عن الاضطلاع بتعليم القيم التي يظن ان غرسها و تنميتها من اختصاص البيت أو دار العبادة, و أشارت كذلك هذه الدراسة إلى النمو الخلقي ومفهومة و مراحله و مستوياته و أشارت إلى دور المؤسسات التعليمية في النمو الخلقي, وفي النهاية قام الباحث بتقديم خلاصة للدراسة أبرزها من خلال قوله أن المنحنى المعرفي ألنمائي في التربية الخلقية يثير العديد من القضايا لعل من أهمها أن يقدم أساسا فكريا رصينا للتربية الخلقية في سياق الديمقراطية, و كذلك يدفع الطلاب إلى الوعي بقيمتهم الخلقية وكذلك قيم الآخرين, ومن القضايا التي يركز عليها هذان المنحنيين في التربية الخلقية وأيضا حسم الصراعات الخلقية عن طريق العقل والتفكير, والأخذ في الاعتبار حقوق و مشاعر ووجهات نظر الآخرين, ومن

ثم الاهتمام في هذا المجال بربط الفكر بالعاطفة و السلوك, إلا أن تطبيقه في المدارس يمكن أن يتم على نطاق واسع فيما لو أدخلت عليه بعض التعديلات التي تأخـذ في الحسبان خصائص الجماعات و الثقافات.

وقد أجرى أبـو زيد (1991) دراسـة بعنـوان "الأمـن الاجتماعـي مـن منظـور القرآن الكريم".تهدف هذه الدراسة إلى الوقوف عـلى ملامح الأمـن الاجتماعـي مـن منظـور القرآن الكـريم لمـا لهـذا الموضوع مـن أهميـة في الوقوف عـلى المقاصد الشرعيـة مـن الضرـورات والحاجيات والتحسينات، ولها أثر في الحياة الاجتماعية للفرد والجماعة، وقد اتبع الباحـث في منهجية البحـث الإطلاع على كتب المعاصرين، ولا سـيما مـن أولئك الـذين كتبـوا عـن الأمـن الاجتماعي وقد تطرق الدارس في الفصل الثاني من دراسته إلى مدى الحاجة للأسرة، وأهميتهـا في تحقيق الأمن للمجتمع وقد توصل الباحث في الدراسة إلى النتائج التالية:

- إن الأمن الاجتماعي من منظور القرآن الكريم يقوم على تحقيق الأمن للفرد وللأسرة.

- قضية الأمن الاجتماعي ودراستها كقضية هامة لا غنى للدول والمجتمعات عنها.

- أن القرآن الكريم يـرى في الإنسـان كائنـا، يجمع في طاقاتـه الماديـة التـي تقتضيه الالتفات والإجابة إليها.

وقد أجرى النوافلـة (1993) دراسـة بعنـوان "السـمات الشخصية والسـلوك القيـادي للخليفة عمر بن الخطاب رضي اللـه عنه" هدفت هذه الدراسة إلى بيان الصـفات الشخصية وسمات السلوك القيادي عند الخليفة

عمر بن الخطاب رضي الله عنه في سياق المفاهيم الإسلامية، والمفاهيم الحديثة للقيادة وعمل الدارس على إبراز المكانة القيادية التي امتاز بها الخليفة عمر بن الخطاب كونه قائدا للدولة الإسلامية وقد حاولت الدراسة الإجابة عن السؤالين التاليين:

الأول: ما أهم الخصائص البشرية للخليفة عمر بن الخطاب رضي الله عنه؟.

الثاني: ما أهم خصائص السلوك القيادي للخليفة عمر بن الخطاب رضي الله عنه؟.

واستخدم الباحث المنهج التاريخي وقراءة الوثائق وتحليل النصوص والسير التاريخية لعمر بن الخطاب، لاستخلاص الصفات الشخصية وسمات السلوك القيادي التي كان يتغير على المستوى الشخصي- ويمارسها على المستوى القيادي وتوصلت الدراسة إلى أن صفات الشخصية تتمثل في مجموعة من الأبعاد وهي: الصفات الشخصية، والصفات الإنسانية، والصفات الاجتماعية، والصفات الحسية المعنوية، والصفات الإيجابية، وكذلك سمات السلوك القيادي وهي بمثابة نتائج وفي ضوئها قدمت الدراسة لمجموعة من التوصيات.

وقد قام جمال الدين (1996) بدراسة بعنوان " التسامح والتعليم والأمن البشري علاقة دائرية ورؤية نقدية ". هدفت هذه الدراسة إلى بيان التسامح والتعليم والأمن البشري وعلاقتهم بترابط دائري فيما بينهم , وهدفت إلى إبراز هذه المفاهيم في الدراسة وأشارت الدراسة الى الترابط بين التسامح والتعليم ويتحقق التسامح بالتعليم , والتسامح يتطلب الأمن

البشري. ومن أهم ما ينبغي السعي لانجازه في هذا المجال :تحقيق حياة طويلة خالية من العلل , واكتساب المعرفة الحاجة والتمتع بحياة كريمة وهذا يحقق في النهاية التحرر من الخوف والتحرر من الحاجة , فالإسلام والدين الإسلامي جاء من خلال القران الكريم والسنة النبوية المطهرة بالدعوة إلى السلوك الحسن بالمعاملة الحسنة والتسامح والتواضع والإخلاص في كل الإعمال.

وقام الهزايمة (1997) بدراسة بعنوان "دور التربية الإسلامية في بناء العلاقات الاجتماعية في ضوء السنة النبوية". هدفت هذه الدراسة للإجابة عن السؤالين التاليين:

- ما دور التربية الإسلامية في بناء العلاقات الاجتماعية في ضوء السنة النبوية؟.
- وما أبرز العوامل المؤثرة في هذه العلاقات إيجابا أو سلبا؟.

حيث قام الدارس بتحديد عناصر العلاقات الاجتماعية المراد دراستها ثم تحليلها ببيان آثارها المؤثرة في العلاقات الاجتماعية إيجابا أو سلبا، ثم قام الدارس بالحديث عن دور التربية الإسلامية في هذه العلاقة من البر والإحسان للوالدين، وحسن المعاشرة، والمعاملة في الحياة وبعد الممات، ثم تبين دور الدارس من خلال أبرز العوامل المؤثرة في العلاقات الاجتماعية وأشار في الخاتمة إلى أبرز النتائج والتوصيات وظهر من خلال الدراسة: أن التربية الإسلامية حددت لكل فرد من أفراد المجتمع حقوقه وواجباته، وحددت له مسؤولياته تجاه الآخرين، ودعت إلى التحلي بالفضائل الخلقية وتمثل القيم الإسلامية، وتجنب الأمراض الاجتماعية، وطرح العلل

الاجتماعية للحفاظ على العلاقات الاجتماعية في المجتمع المسلم بصورة قوية متينة.

وأجرى أحمد (1997) دراسة بعنوان "دور المعلم التربوي في ضوء التربية الإسلامية". هدفت هذه الدراسة إلى تحقيق هدفين أحدهما نظري، والآخر تطبيقي ففي الجانب النظري، سعت الدراسة للكشف عن دور المعلم في ضوء التربية الإسلامية، كما وردت في القرآن الكريم والسنة النبوية المطهرة، في محاولة من الدارس للوقوف على دور المعلم في التربية الإسلامية، وقد استطاع الباحث أن يستخلص واحدا وخمسين دورا تربويا للمعلم وقام بتوزيعها على خمسة مجالات يتعامل معها المعلم في ممارسته لمهنة التربية والتعليم، ولقد أظهرت الدراسة النتائج التالية: الاتفاق على دور المعلم في التربية الإسلامية، وبيان أهمية هذه الأدوار التي يقوم بها المعلم كضرورة ومرتكزات للنفس الإنسانية، وقام الباحث باقتراح عددا من التوصيات للدراسة منها: ضرورة زيادة الاهتمام بالمعلمين على اعتبار أنهم أسس نهضة المجتمع وتقدمه ونمائه.

وقام)العياصره، 2000 بدراسة بعنوان " الشورى في الإسلام ومدى وضوحها لدى عينة من المفكرين الأردنيين وبيان بعض ممارساتها التربوية ". هدفت هذه الدراسة إلى بيان مفهوم الشورى في الإسلام ومدى وضوحها لدى عينة من المفكرين الأردنيين، وبيان بعض ممارساتها التربوية، وذلك من خلال الإجابة عن الأسئلة التالية :

- ما مفهوم الشورى في الإسلام كما وردت في القران الكريم والسنة النبوية الشريفة؟

- ما مدى وضوح مفهوم الشورى في أذهان الأردنيين ؟

- ما آليات ممارسة الشورى لبعض المستويات التربوية في المجتمع الأردني من وجهة نظر عينه من المفكرين الأردنيين ؟

وتمت الإجابة عن الأسئلة من خلال المنهج الاستقرائي وتحليل الآيات القرآنية، والأحاديث النبوية الشريفة المتعلقة بمفهوم الشورى في الإسلام، وقام الباحث ببناء استبانه مكونه من (49) فقرة وزعت على عينة من المفكرين الأردنيين، والبالغ عددهم (22) وقد أظهرت نتائج الدراسة ما يلي:

• أن الشورى أسلوب إداري في الإسلام لاتخاذ القرارات.

• أن الحاكم المسلم ملزم بتنفيذ القرار الذي يصدر عن أسلوب الشورى.

• أن ممارسة الشورى هي أمر واجب على المسئولين الأردنيين في كافة المستويات الإدارية.

ولقد أجرى بني عيسىـ (2001) دراسة بعنوان "مفهوم العدل في التربية الإسلامية وانعكاساتها التربوية". هدفت هذه الدراسة إلى بيان العدل في التربية الإسلامية وانعكاساتها التربوية وذلك بعد قراءة القرآن بصورة كاملة، وقد قام الدارس بالإجابة عن السؤالين التاليين:

- ما مفهوم العدل في سياق القرآن الكريم والسنة النبوية الشريفة؟

- ما الانعكاسات التربوية لمفهوم العدل في التربية الإسلامية ؟

وقد استخدم الباحث طريقة إجرائية في دراسته تمثلت بالمنهج الوصفي التحليلي ودراسة آيات القرآن الكريم كاملا، ودراسة الأحاديث النبوية المرتبطة بالعدل، وذلك بالاعتماد على قرص الليزر CD-ROM واقتصر في

البحث على الكتب التسعة: صحيح البخاري، صحيح مسلم، سنن الترمذي، سنن النسائي، سنن أبي داوود، سنن الدارمي، سنن ابن ماجه، مسند الإمام أحمد بن حنبل، موطأ الإمام مالك بن أنس، وقد استخدم الباحث الكلمات المفتاحية الآتية: (عدل، قسط، ظلم، جود، حدود، أصلي، الرفق، طعام ذهب، طعن) وأورد الباحث نتائج دراسته ومنها: أن العدل يغرس في نفس الفرد الإصلاح، ويغرس في نفس الفرد عدم الثأر ويغرس في نفس الفرد المبادأة وعدم الوقوف في وجه الآخرين واعاقتهم, وبناء على ما توصلت إليه الدراسة قام الدارس بتقديم مجموعة من التوصيات أهمها:

ضرورة تطبيق مفهوم العدل بكافة صوره ومجالاته في الحياة كلا حسب مسؤولياته ودعوة المؤسسة التربوية إلى التركيز في مناهجنا على مفهوم العدل وإبراز أهميته في المجتمع إجراء مزيد من الدراسات عن مفهوم العدل.

وقد قام بدارنة (2001) بدراسة بعنوان "المبادئ التربوية في سياق القرآن الكريم والسنة النبوية المطهرة". هدفت هذه الدراسة إلى التعرف على المبادئ التربوية الواردة في القرآن الكريم والسنة النبوية المطهرة، والى بيان العلاقة القائمة بين المبادئ التربوية الواردة في القرآن الكريم والسنة المطهرة، واستخدم الدارس في دراسته منهجية تقوم على: قراءة جميع الآيات القرآنية الحكيمة، واعتمد الباحث في تفسيره للآيات القرآنية على تفسير ابن كثير، وتفسير الطبري، وقام الباحث بقراءة الأحاديث النبوية الشريفة، واعتمد الدارس على صحيح البخاري ومسلم، وكتب السنن الأربعة لمعرفة الأحاديث النبوية الشريفة، وقد استطاع الدارس إلى أن يستخلص واحدا وعشرين مبدءا تربويا وقام بتبويبها ضمن خمسة مجالات هي:

مجال الخلق والتوحيد - مجال العلم - مجال الأساليب التربوية - مجال وحدة الأمـة - المجال الفكري.

وفي ضوء نتائج الدراسة أوصى الباحث بمجموعة مـن التوصيات منهـا: ضرورة مراعـاة الفطرة الإنسانية، العمل على محو الأمية الأبجدية والأمة الوظيفية والأمية الحضارية.

وقد أجرى عبابنة (2001) دراسة بعنوان "التربية المعرفية للأطفـال في الإسـلام "دراسـة تربوية". هدفت هذه الدراسة إلى إبراز التربيـة المعرفيـة للأطفـال في الإسـلام ولتحقيـق هـذا الهدف أجاب الدارس عن الأسئلة التالية:

- ما حق ومبادئ تعليم الأطفال في ضوء التربية الإسلامية؟

- ما مفهوم التربية المعرفية عند الأطفال في الإسلام؟

- ما الطرق التعليمية الخاصة بالتربية المعرفية للأطفال في ضوء التربية الإسلامية؟

- ما أهداف التربية المعرفية للأطفال في ضوء التربية الإسلامية؟

وقد استخدمت الدارسة المنهج الوصفي التحليلي والمنهج الاستنباطي، وقامت الدراسة بتحليل محتوى النصوص الواردة، وتتبع النصوص القرآنية الكريمة والأحاديـث الشـريفة، وقـد خلص الباحث إلى إبراز النتائج التالية: التربية المعرفية للطفل تساهم في تربيـة عقـل الطفـل، واهتمام الإسلام بالطفولة لأهمية هذه المرحلة في حياة الإنسان، والعمليـة التعليميـة للطفـل عملية منظمة ابتع فيها المربون المسلمون كـل مـا يلـزم مـن طـرق تعلمـه الخاصـة بالتربيـة المعرفية للأطفال وفي ضوء هذه النتائج أوصى الباحث الآباء والأمهات بضرورة

العناية بتعليم الطفل منذ صغره وإعطائه المعلومة التي تتناسب مع مستواه العقلي.

وأجرى العيسى (2001) دراسة بعنوان "المبادئ التربوية للأسرة في ضوء التربية الإسلامية". هدفت هذه الدراسة إلى التعرف على أهم المبادئ التربوية التي تخص الحياة الزوجية ولتحقيق هذا الهدف قام الدارس بالإجابة عن الأسئلة التالية:

- ما المبادئ التربوية لحقوق الزوجة على زوجها ؟.

- ما المبادئ التربوية لحقوق الزوج على زوجته ؟.

- ما المبادئ التربوية لحقوق الأبناء على الآباء ؟.

- ما المبادئ التربوية لحقوق الآباء على الأبناء ؟.

وقد قام الدارس باستقراء الآيات القرآنية، والأحاديث النبوية الشريفة المتضمنة للمبادئ التربوية المتعلقة بالأسرة، وقد اعتمد الباحث على المعنى العام للآيات القرآنية الكريمة والأحاديث النبوية الشريفة، وقد استطاع الدارس أن يستخلص أربعا وعشرين مبدءا تربويا تم تقسيمها إلى أربعة مجالات كما يلي: حقوق الزوجة، وحقوق الزوج، حقوق الأولاد، حقوق الآباء، وأوصى الدارس في دراسته بمجموعة من التوصيات منها: على الزوج أن يختار زوجته كما للزوجة حق اختيار زوجها، والنفقة من مسؤوليات الرجل تجاه زوجته وأسرته، وعليه أن ينفق عليها بقدر استطاعته، ولقد شرع الله تعالى تعدد الزوجات مع العدل بينهما بالمعاشرة الحسنة تدوم الحياة وعلى كل من الزوجين أن يحسن معاشرة زوجه.

ولقد أجرى الشريفين (2002) دراسة بعنوان "تعديل السلوك الإنساني في التربية الإسلامية". هدفت هذه الدراسة إلى التعرف على تعديل السلوك الإنساني من وجهة نظر التربية الإسلامية، بإبراز دورها في مجال تعديل السلوك، وكذلك التعرف على أهداف تعديل السلوك في التربية الإسلامية وخصائصه، وقد استخدم الدارس منهجين الوصفي والاستنباطي أساسا لدراسته بالإضافة إلى المنهج ألتأصيلي المقارن، ولقد توصلت الدراسة لعدد من النتائج منها: السلوك الإنساني هو النشاط الصادر عن الإنسان سواء أكان ملاحظا أم غير ملاحظ، الانحراف في السلوك يأتي نتيجة انحراف في الشخص عن الدين الرباني الصحيح المتمثل اليوم في العقيدة الإسلامية التي هي منهج الله تعالى وقد أوصى الدارس بما يلي: تبني كليات الشريعة في الجامعات الأردنية لموضوعات تسهم في التأصيل الإسلامي لعلم النفس، كشف التربويين والمشتغلين في علم النفس لأصول ومبادئ السلوك وطرائقه في القرآن الكريم والسنة النبوية الشريفة.

أما الدراسة التي أجراها (الزيوت، 2002) بعنوان" الإحسان في القران الكريم "دراسة موضوعية".هدفت هذه الدراسة إلى بيان موضوع الإحسان في القران الكريم وفق منهج التفسير الموضوعي فجاءت في خمسة فصول إضافية إلى المقدمة والخاتمة. واستخدم الدارس الأسلوب الوصفي التحليلي من خلال قراءة الآيات التي ورد ذكر مفهوم الإحسان فيها وتضمينها في الموضوع بصورة موضوعية وميسرة وأشار إلى مفهوم الإحسان في القران الكريم والسنة النبوية ويحث الدارس فيه على ما يتعلق بإحسان الله تعالى، وكذلك الإحسان إلى الوالدين والبر بهما، كما أوضح الإحسان لذوي الحاجات، واليتامى

والفقراء والجيران والأصحاب، وقد تطرق الباحث كذلك إلى إحسـان القـول والعمـل وقد توصل الباحث إلى مجموعة من النتائج منها:

ـ أن الإحسان منه ما هو واجب، ولا يعذر أحد بتركه، ومنه ما هو مندوب له وهو شامل لأقول الإنسان وأعماله

ـ إن الإحسان صفة من صفات الله عز وجل

ـ أن الإحسان إلى المسيء أعلى درجات الإحسان التي ينال فيها العبد الرفعة في الدنيا و الآخرة ـ إن الله اعد للمحسنين مزيدا من الجزاء، فهو يعمل لهم الأجر في الدنيا

أجرى السعد (2003) دراسة بعنوان "مبادئ السلوك التربوي في جامعة اليرموك" هدفت هذه الدراسة إلى الكشف عن المبادئ التي توجه سلوك الأفراد المشـتركين في العمليـة التربوية في جامعة اليرموك وهم: "الإداريون، وأعضاء هيئة التدريس والطلبـة، وإعطـاء صـورة دقيقة عن مجموعة المبادئ التي توجه سلوكهم ومن أجل تحقيق هـذا الهـدف قام الباحـث بتطوير المبادئ التي توجه سلوكهم ومن أجل تحقيق هذا الهدف قام الباحث بتطوير ثلاث استبانات: الأولى: لقياس المبادئ التي توجـه سلوك الإداريين، والثانيـة: لقياس المبـادئ التـي توجه سلوك أعضاء هيئـة التـدريس، والثالثة: لقيـاس المبـادئ التـي تواجـه سلوك الطلاب وللتحقيق من صدق الاستبانة تم عرضها على (15) محكما للحكم على مدى صلاحيتها لقياس ما صممت لقياسه، كما جرى حساب معاملات الثبات للاستبانات الثلاث باستخدام طريقة الاختبار وإعادته وطريقة الاتساق الداخلي وأدخلت هذه الاستبانات إلى جهاز الحاسوب للمعالجة الإحصائية، وأظهرت نتائج الدراسـة أن هناك مجموعـة مـن المبادئ توجه سلوك الإداريين

بدرجة كبيرة وهي مبدأ الاستفادة من ثورة المعلومات وتكنولوجيا الاتصالات ومبدأ توفير الحوافز للمرؤوسين ومبدأ العلاقات الإنسانية ومبدأ إشراك المرؤوسين في اتخاذ القرارات ومبدأ إعطاء الحرية للمرؤوسين كما أن مبدأ الالتزام بالتعليمات والأنظمة ومتابعة تنفيذها يوجه سلوكهم بدرجة دون المتوسط كما أن مبدأ الولاءات والانتماءات توجه سلوكهم بدرجة ضئيلة، وقدمت الدراسة لمجموعة من التوصيات.

وأجرى كردي (2004) دراسة بعنوان "الآثار الوجدانية والسلوكية للإيمان بأسماء الله الحسنى في القرآن الكريم "دراسة عقدية" هدفت هذه الدراسة إلى بيان آثار معرفة الله تبارك وتعالى بأسمائه الحسنى وترسيخ عقيدة التوحيد في قلب كل مسلم وبيان أن مرجعية هذه الأسماء هو كتاب الله كما تهدف هذه الدراسة إلى بيان معاني هذه الأسماء الحسنى وآثارها في وجدان المسلم وسلوكه وتألفت هذه الدراسة من ثلاثة فصول: قسم بالفصل الأول أسماء الله الحسنى إلى موضوعات تندرج تحت عنوان هذا الفصل وهو أسماء الله الدالة على ذاته، وفي الفصل الثاني قام بتقسيم الأسماء الحسنى إلى أسماء تدل على القدرة وقد جمع بينها في مجموعات ذكر آيات كل مجموعة ثم معانيها لغة واصطلاحا وذكر فيه الفروق بين هذه الأسماء وآثارها الوجدانية والسلوكية، وفي الفصل الثالث: تحدث عن الأسماء الحسنى الدالة على الإنعام والعطاء ضمن مباحث ثلاثة ذكر في الأول منها معاني أسماء الله الدالة على الرزق، وفي الثاني: أسماء الله الدالة على الولاية والنصرة، وفي الثالث: الأسماء الدالة على الرحمة وقام بذكر الفروق بينها ثم ذكر آثارها الوجدانية والسلوكية، وفي الخاتمة قدمت الدراسة لمجموعة من النتائج منها: أن معرفة معاني أسماء الله تعالى الحسنى ودلالاتها الإيمانية والوجدانية

والسلوكية، تعتمد على معرفة معانيها لغة واصطلاحا، كما تكمن أهمية دراسة هذه الأسماء في أنها ضرورية لكل مسلم كي يعرف ربه ويراقبه في وجدانه وسلوكه.

وقد قام دراوشة (2005) بدراسة بعنوان "الأصول الاجتماعية للتربية من منظور إسلامي " هدفت هذه الدراسة إلى الكشف عن الأصول الاجتماعية للتربية من منظور إسلامي، في القران الكريم، والسنة النبوية المطهرة، من خلال السلوك الفردي، والسلوك الأسري، والعلاقات الاجتماعية بين المسلمين، وذلك من خلال الإجابة عن سؤال الدراسة.

ما الأصول الاجتماعية التي تضمنها القران الكريم والسنة النبوية الشريفة؟

وينبثق عن هذا السؤال الأسئلة التالية:

- ما أهم معالم نظرة الإسلام للسلوك الفردي من حيث المقبول والمرفوض ؟

- ما أهم معالم نظرة الإسلام للسلوكيات الفردية الغير مرغوب فيها من حيث المقبول و المرفوض؟

- ما أهم معالم نظرة الإسلام للسلوك الأسرى من حيث المقبول والمرفوض ؟

- ما أهم معالم نظرة الإسلام للعلاقات الاجتماعية بين المسلمين ؟

وللإجابة عن أسئلة الدراسة، قام الباحث باستخدام المنهج الوصفي التحليلي عن طريق قراءة الآيات القرآنية الكريمة والأحاديث النبوية الشريفة

المتضمنة للأصول الاجتماعية للتربية من منظور إسلامي وتحليلها، كما استخدم المعجم المفهرس لألفاظ القران الكريم، والمعجم المفهرس لألفاظ الحديث النبوي الشريف، بالإضافة إلى استخراج الأحاديث من (CD-S)، ومن كتب الصحاح: كصحيح البخاري وصحيح مسلم، وسنن الترمذي، وابن ماجة، والنسائي، وأبو داود وقد اعتمد الباحث على المعنى العام للآيات القرآنية والأحاديث النبوية الشريفة من خلال مجموعة من التفاسير منها تفسير أحكام القران للقرطبي، وتفسير التحرير والتنوير لأبن عاشور، وتفسير المنار للشيخ محمد عبده " تحقيق محمد رشيد رضا "، وتفسير ظلال القران لسيد قطب، و تفسير القران العظيم لابن كثير.وقد توصل الباحث إلى عدة نتائج وقدم لمجموعة من التوصيات.

لقد قام بني خلف (2005) بدراسة بعنوان "المبادئ الأخلاقية لتربية الفرد والمجتمع في سياق القرآن الكريم". هدفت هذه الدراسة إلى بيان المبادئ الأخلاقية لتربية الفرد والمجتمع في سياق القرآن الكريم، ولتحقيق هذا الهدف أجاب الباحث عن عدة أسئلة، واستخدم الباحث الأسلوب التحليلي للآيات القرآنية، فاستخلص الباحث مجموعة من الآيات ذات الصلة المباشرة بموضوع الدراسة ثم قام الباحث بتحليلها وتصنيفها وفقا لأسئلة الدراسة وقد توصل الدارس بدراسته إلى نتائج منها: المبادئ الأخلاقية المنبثقة من المفاهيم المرتبطة بالذات الإلهية، ومنها الإخلاص في عبادة الله وطاعته، والخوف من الله تعالى، المبادئ الأخلاقية المنبثقة من المفاهيم المرتبطة بالحياة الدنيا، ومنها التحرر من طغيان الحياة الدنيا، التحرر من خوف الموت، المبادئ الأخلاقية المنبثقة من المفاهيم المرتبطة بطبيعة الأسرة: بر الوالدين والإحسان اليهما، محافظة الزوجة على زوجها، اختيار الاسم المناسب للطفل، المبادئ الأخلاقية المنبثقة من

المفاهيم المرتبطة بطبيعة المجتمع هي: التعاون والخير والأمر بالمعروف والنهي عن المنكر، وقدم الباحث لمجموعة من التوصيات منها:

إجراء دراسات مقارنة حول المبادئ الأخلاقية من خلال النتائج لهذه الدراسة مع المبادئ الأخلاقية في المدارس الفكرية كالشيوعية والبرجماتية، إجراء دراسات للكشف عن مفاهيم ومبادئ أخلاقية أخرى تتعلق بمحاور الدراسة.

ولقد أجرى العياصرة (2005) دراسة بعنوان "حقوق الإنسان في القرآن الكريم ودورها في التنشئة الاجتماعية في المجتمع ". هدفت هذه الدراسة إلى بيان بعض حقوق الإنسان كما وردت في القرآن الكريم، وبيان دورها في التنشئة الاجتماعية في المجتمع الأردني، وذلك من خلال الإجابة عن الأسئلة التالية:

ما حقوق الإنسان في حرية الاعتقاد في القرآن الكريم؟ ما حقوق الإنسان المسلم في عملية الشورى كما وردت في القرآن الكريم؟ ما حقوق الإنسان المسلم في الأمر بالمعروف والنهي عن المنكر كما وردت في القرآن الكريم؟ ما حقوق الإنسان المسلم في المساواة كما وردت في القرآن الكريم؟ ما حقوق الإنسان المسلم في العدل كما هي في القرآن الكريم؟ ما دور ممارسة حق حرية الاعتقاد، وحق التعبير عن الرأي، وحق الشورى، وحق الأمر بالمعروف والنهي عن المنكر، وحق المساواة وحق العدل في التنشئة الاجتماعية في المجتمع الأردني. واستخدم الطريقة الاستقرائية عن طريق استقراء الآيات القرآنية الكريمة التي استخلصها الباحث، وأظهرت الدراسة نتائج منها: أن الله سبحانه وتعالى خلق الإنسان حرا يختار معتقده وفقا لإرادته يجب أن يمارس

حـق العـدل في مؤسسـات المجتمـع المختلفـة في ضوء نتـائج الدراسـة أوصى الباحـث بمجموعة من التوصيات منها:

- دعوة المؤسسات التربوية التركيز في مناهجها على حقوق الإنسان التـي بينها القرآن الكريم وإبراز أهميتها وآليات ممارستها.

- إجراء دراسـات أخرى تهدف إلى الكشـف عـن حقـوق الإنسـان الأخرى في القرآن الكريم.

وقد قام عواودة (2006) بدراسة بعنوان " أنماط التنشئة الاجتماعيـة وعلاقتها بـالقيم لدى طلبة المدارس الأساسية في الأردن في ضوء بعض المتغيرات "وهـدفت هـذه الدراسـة إلى بيان أنماط التنشئة الأسرية, ودرجة تمثل الطلبة للقيم السائدة ضـمن المجـالات الاقتصادية و الاجتماعية و الجمالية عنـد طلبة المـدارس الأساسية في الأردن في ضوء بعض المتغيرات. و تكونت عينة الدراسة من (640) طالبا و طالبة من طلبة الصف الثامن الأساسي موزعين عـلى مدرستين من مدارس الملك عبـد اللـه الثاني للتميز في اربـد و الزرقاء, و لتحقيـق أهـداف الدراسة قام الباحث بتطوير أداتين هـما:مقيـاس التنشئة الاجتماعيـة مـن جملة المقاييس المطورة في البيئة الأردنية, و اختبـار القيم, و أظهرت نتائج الدراسة أن متوسطات الأنماط للتنشئة الاجتماعية جاءت متفاوتة في جميع الأنماط, وجاء نمـط التقبل في المرتبة الأولى بمتوسط حسابي(2.93) و جاء النمط التسلطي في المرتبة الأخيرة بمتوسط حسابي(1.74) و في ضوء النتائج أوصى الباحث بجملة من التوصيات.

تعقيب

وتعتبر دراستي هذه مختلفة عن جملة الدراسات التي عرضتها في كونها الأولى التي تبين مبادئ السلوك الاجتماعي للمجتمع المسلم والمجتمع المعاصر في ضوء القرآن الكريم والسنة، بشكل يبرز درجة التزام وشرائح من المجتمع بمبادئ السلوك الاجتماعية الاسلامية، أنها تتناول جملة مبادئ السلوك الاجتماعي الإسلامي عامة في حين ان الدراسات السابقة تناولت بعض مبادئ السلوك الاجتماعي على حدة، بشكل فرعي وليس بأسلوب كمي نوعي وإنما بأسلوب وصفي نوعي، وأنها تضيف شيء جديد من خلال بيان للشعوب جميعها أن المجتمع المسلم هو مجتمع ملتزم يعيش بين جنباته روح التسامح والعدل والمساواة ويدعوا إلى نبذ الخلافات والصراعات وبيان أن شعار التعذيب والقتل والتدمير هو تلفيق إلى هذا المجتمع المسلم وتعتبر الدراسة الأولى في البحث النوعي في هذا الموضوع.

إن الدراسات السابقة هي حجر الأساس التي ترتكز عليه في بداية الأمر، وأساس التحليل الذي تنتهي به الدراسات في خاتمتها، وهنا تجدر الإشارة بان الاطلاع على البحوث والدراسات السابقة لا يعني تلك البحوث الملتصقة بالبحث التصاقا تاما، أو تلك البحوث التي تحمل العنوان نفسه أو تدرس المشكلة نفسها، فقد يكون هذا صحيحا إن كانت مثل هذه البحوث متوفرة ولم يتبين على حد علم الباحث أي دراسة تتعلق بمبادئ السلوك الاجتماعي في القرآن الكريم والسنة النبوية ودرجة التزام شرائح من المجتمع بها، والذي استفادة الباحث من هذه الدراسات هو المنهجية التي اتبعت في

هذه الدراسات, إذ اتبعت في هذه الدراسات منهجية البحث التحليلي الاستقرائي .

ومن هنا جاءت هـذه الدراسـة مـن اجـل أن تضـيف إلى الدراسـات السـابقة دراسـة مبـادئ السلوك الاجتماعي في القرآن الكريم والسنة النبوية ومـدى التـزام شرائـح مـن المجتمـع بهـا، حيث ستعتمد هذه الدراسة على طريقة استخلاص مبادئ السلوك من القرآن الكريم وبعـض كتب السنة النبوية وبيان معاني الآيات والأحاديث من خـلال كتب التفسـير مـن خـلال بنـاء استبانه تقيس مدى التزام هذه الشرائح من المجتمع بالمبادئ المستخلصة من القرآن والسـنة وكذلك عمل مقابلات تبين درجة ومدى التزام شرائح من المجتمع بهذه المبادئ. الأمـر الـذي سيسهل على الدارس مبادئ السلوك الاجتماعي الرجوع إليها بدلا مـن أن يجـدها مبعـثرة في أمهات الكتب والمراجع والملفات الأمر الذي سيسـهل عليـه عمليـة البحـث والتقصي- والقيـام بالملاحظة. وهذا المنهج لم يقم به أي باحث في هذا الموضوع.

الفصل الثالث

الطريقــة والإجـراءات

الفصل الثالث

الطريقة و الإجراءات

يتضمن هذا الفصل و صفا للإجراءات التي اتبعها الباحث من اجل الإجابة على أسئلة الدراسة, و فيما يلي توضيح لتلك الإجراءات :

أولا: منهجية الدراسة :

لقد اتبع الباحث في هذه الدراسة منهجين هما :

أولا : استخدم الباحث في هذه الدراسة المنهج التحليلي الاستقرائي وتحليل المحتوى وتمثل من خلال تحليل الآيات القرآنية الكريمة من القران الكريم والاستدلال بالأحاديث النبوية الشريفة المبينة لهذه الآيات الكريمة، واستخلاص مبادئ السلوك الاجتماعي وفق قائمة معدة من خلال تحليلها استقرائيا وتجميعها، وللتوصل إلى نتائج مبادئ السلوك الاجتماعي فقد اتبع الباحث هذا المنهج من خلال استخدام ثلاث أدوات رئيسة : الاستبانة والمقابلة والملاحظة الذي تمثلت في قيام الباحث بالمتابعة الميدانية لفهم السلوك بشكل أفضل، وقد قام البحث بتسجيل الملاحظات في سجل خاص لمبادئ السلوك الاجتماعي التي تم مشاهدتها للوقوف على مدى انغماس الفئة المستهدفة في السلوك الاجتماعي الإسلامي.

ثانيا : كما اعتمد الباحث على المنهج المسحي حيث قام الباحث بالوقوف على خصائص مجتمع الدراسة مرتبطة في تمثل أفراد الدراسة بالمبادئ السلوكية الاجتماعية، من خلال مسح جميع الآيات القرآنية من القران الكريم وقام الباحث بأخذ عينة من بعض هذه المبادئ المستخلصة، وعلى

اعتبار ارتباط المبدأ بعلاقة كل مسلم مع أخيه ومع الآخرين وقام الباحث بالتطبيق لهذه المبادئ.

أ. مجتمع الدراسة

هناك مجتمعان للدراسة هما :

أولا : للإجابة عن السؤال الثاني تم اختيار المجتمع الأول المتمثل في شرائح من المجتمع الأردني من المؤسسات الآتية :

مؤسسة اجتماعية: قرى الأطفال (sos)، وجمعية المحافظة على القران "فرع صويلح "

مؤسسة تعليمية: جامعة عمان العربية للدراسات العليا.

مؤسسة طبية: مستشفى الإسراء.

إحدى الوزارات الخدمية: وزارة الزراعة "المركز ".

أفراد من المجتمع المحلي: سوق اربد التجاري, و سوق صويلح التجاري, و كفتيريا جامعتي اليرموك و الأردنية, و اربد مول و مكة مول، و بهذا يكون مجتمع الدراسة مكونا من) 1150) فردا ممن هم داخل هذه المؤسسات و الشرائح الاجتماعية.

ثانيا: وأما بالنسبة للإجابة عن السؤال الثاني فقد تم اختيار المجتمع الثاني وهو مصدر القران الكريم كاملا حيث تم اختيار جميع آيات القران الكريم و الاستدلال بالأحاديث المبينة لهذه الآيات الكريمة، التي تشير إلى علاقة المسلم مع أخيه ومع الآخرين داخل حدود المجتمع المسلم.

ب. اعتمد الباحث على ما جاء في القران الكريم والأحاديث النبوية المبينة للآيات القرآنية، من خلال اختيار مبادئ السلوك الاجتماعي في القران الكريم والسنة النبوية المطهرة وذلك بقراءة آيات القران الكريم وعدادها في قائمة والاستدلال بالأحاديث النبوية الشريفة المبينة لهذه الآيات، واستخلاص مبادئ السلوك الاجتماعي من هذه الآيات وبلغت " مئة وأربعة وأربعين "مبدا اجتماعيا سلوكيا، من خلال علاقة المسلم بأخيه المسلم ومع الآخرين، وقد قام الباحث بإتباع منهجية في استخلاص الآيات القرآنية عن طريق مسح الآيات من القران الكريم والاستدلال بالأحاديث النبوية المبينة لهذه الآيات

ج. عينة الدراسة.

قام الباحث باختيار عينتان للدراسة هما :

أولا: تم اختيار عينة الدراسة من مجتمع الدراسة الذي تمثل بشرائح من المجتمع الأردني من خلال مؤسسة اجتماعية، ومؤسسة طبية، ومؤسسة تعليمية، وإحدى الوزارات الخدمية وأفراد من المجتمع المحلي، حيث تم اختيار العينة بحيث تكون عينة قصدية ، وقد قام الباحث بتوزيع أداة الاستبانة على أفراد من هذه الشرائح المستهدفة، وقد قام الباحث بتوزيع (350) استبانة على عينة الدراسة بواقع)20) استبانة تم توزيعها في المؤسسة الاجتماعية، و(100) استبيانة تم توزيعا في المؤسسة الطبية، و(100)استبانة تم توزيعها في المؤسسة التعليمية، و(100)استبانة تم توزيعها في إحدى الوزارات الخدمية، وتم توزيع على أفراد المجتمع المحلي (30) استبانة، حيث كانت في مجموعها تمثل (350)استبانة موزعة على أفراد عينة الدراسة، واستعاد الباحث منها

(257)استبانة أي بما نسبته (89%) الجدول (1) : يبين التكرارات والنسب المئوية لعينة الدراسة حسب متغير الجنس والمستوى التعليمي والعمر.

الجدول (1) : التكرارات و النسب المئوية لعينة الدراسة حسب متغير الجنس و المستوى التعليمي و العمر.

المتغير		العدد	النسبة
الجنس	ذكـــر	130	50.6
	أنثـــى	127	49.4
	المجموع	257	%100
المستــــــوى التعليمي	دون الثانوية العامة	48	18.7
	ثانوية عامة (توجيهي)	56	21.8
	بكالوريوس	102	39.7
	دراسات عليا	51	19.8
	المجموع	257	%100
العمر	أكثر من 18 سنة	15	5.8
	من 18 الى29 سنة	100	38.9
	من 30 إلى 45 سنة	108	42.0
	من 46الى 70سنة	34	16.3
	المجموع	257	%100
المجموع الكلي		257	%100

ثانيا: وتم اختيار بعضا من المبادئ التي تحتوي على الآيات القرآنية التي تشير إلى علاقة المسلم مع أخيه ومع الآخرين داخل حدود المجتمع المسلم.

ثانيا : إجراءات الدراسة:

قام الباحث بالإجراءات و الخطوات التالية لتحقيق هدفي الدراسة :

- بناء الاستبانة وفق مبادئ السلوك الاجتماعي كما سبق توضيحها.

- التأكد من الصدق الأداة و ثباتها.

- مخاطبة المؤسسات جميعها من قبل جامعة اليرموك, لتسهيل مهمة الباحث في استكمال إجراءات البحث, من حيث السماح له بتطبيق الاستبانه على الأفراد في المؤسسات المعنية.

قام الباحث نفسه بتوزيع) 350) نسخة من الاستبانه على أفراد عينة الدراسة كما تولى عملية جمعها, و بلغ عدد الاستبانات المسترجعة (257) استبانة أي بنسبة إرجاع حوالي 89%( ). و قام الباحث بالإضافة لتوزيع الاستبانة بالمقابلة لبعض الذين وزعت عليهم وبلغت (10) مقابلات، وكانت مدة المقابلات (12) ساعة. وقمت بالملاحظة "المشاهدة الميدانية "لأفراد من المجتمع المحلي حول مدى التزامهم بمبادئ السلوك الاجتماعي الإسلامي.

قام الباحث من خلال قراءة آيات القران الكريم و الأحاديث الشريفة المبينة لهذه الآيات على معيار التركيز على الآيات القرآنية, وفقا للآية التي

يتحدث مضمونها على كيفية العلاقة و التعامل بين اثنين أو أكثر داخل حدود المجتمع المسلم الواحد بمعنى تعامل المسلم مع المسلم.

قام الباحث بدراسة جميع آيات، القران الكريم المرتبطة بمبادئ السلوك الاجتماعي والأحاديث النبوية الشريفة المبينة لها، وكان معيار اختياري لهذه المبادئ من خلال العلاقة بين الأخ وأخيه داخل حدود المجتمع المسلم، والوصول إلى إعداد قائمة بالمبادئ البالغة بصورتها الأولية" "مئة وأربعة وأربعين " مبدا تم اختيار بعضها البالغ " ثلاثة وعشرين "مبدا سلوكيا اجتماعيا ومن خلال ارتباط المبدأ بعلاقة المسلم مع أخيه المسلم في المعاملات.

لقد تم جمع (147) أيه قرآنية من سور القران الكريم واحتوت على مبادئ السلوك الاجتماعي البالغة " مئة وأربعة وأربعين "كما يمثل جدول (2) التالي :

السور القرآنية التي احتوت على مبادئ السلوك الاجتماعي وآياتها

رقم الآيات	السورة	الرقم
83 ، 79 ، 237 ، 195 ، 212 ، 177 ، 111 ، 101 ، 91 ، 157 ، 155 ، 139 ، 264 ، 228 ، 189 ، 282 ، 229 ، 178	البقرة	1.
159،17،39،200،134،109	أل عمران	2.

3.	النساء	62 ، 36 ، 86 ، 128 ، 128 35 ، 58 ، 1 ، 146 ، 83 ، 95 ، 34 ، 58 ، 135
4.	النحل	90،96،79
5.	الحجرات	12،11،10،5،4،3،،2،11،9
6.	الشورى	15،43،38
7.	الأعراف	22،157،199،29،99،73،62
8.	النور	61،58،29،27
9.	الإسراء	80،34،24،23
10.	التوبة	7،107،112،71،67،79،11،4،91
11.	القصص	25
12.	هود	112،34
13.	فصلت	30،6
14.	المائدة	1، 119، 16

.15	محمد	20
.16	العنكبوت	65،3
.17	البينة	5
.18	الحجر	40
.19	الأنعام	164،127
.20	مريم	51،33،32،14
.21	لقمان	18،19،17،3،17،18،19،33
.22	الزمر	10،2،11
.23	الصافات	160،128،74،12
.24	ص	46،83
.25	الشعراء	215،181،84
.26	الفرقان	63
.27	الأحزاب	33،8
.28	المعارج	32

29.	الأنفال	37
30.	الكهف	95،30
31.	طه	47
32.	الحشر	23
33.	يونس	25
34.	الحج	41
35.	الفاتحة	5
36.	الواقعة	57
37.	يس	48،52
38.	المؤمنون	8
39.	الرعد	20،21
40.	النجم	28
41.	الطور	16،34
42.	الزخرف	32

.43	الاحقاف	13،35،15
.44	العصر	3
.45	التحريم	3
.46	غافر	14
.47	يونس	22

وقد قام الباحث بتوزيع الآيات القرآنية المستخلصة على المضامين والمبادئ السلوكية الاجتماعية من القران الكريم والسنة النبوية المبينة لهذه الآيات على النحو الأتي :مبدأ العدل وآياته (النحل "90"والنساء "135"و"58")مبدأ الإيثار وآياته (الحشر- "9")، ومبدأ الشورى وآياته (أل عمران "159" والشورى "38") ومبدأ الطاعة بالمعروف وآياته (الإسراء "23_24" النساء " 34")، ومبدأ الاستئذان وآياته :)النور "27" والبقرة "189") ومبدأ التواضع وآياته (الشعراء "215" ولقمان "18")، ومبدأ النصيحة وآياته)الأعراف "79" والتوبة "91") ومبدأ الاخلاص وآياته (البقرة "264" والبينة "5" والأنعام "164") ومبدأ حفظ السر وآياته (الإسراء "34" والتحريم "3") ومبدأ الصبر وآياته (لقمان "17" الزمر "10" آل عمران 200"والنحل "96" والبقرة "155_157")ومبدأ الصدق وآياته (المائدة "119" وال عمران "17" والتوبة ":11" والحجرات "15") ومبدأ إصلاح ذات البين وآياته (النساء "35" "128" والحجرات "10") ومبدأ صلة الرحم وآياته (النحل "90" والنساء "1" والرعد "21")

ومبدأ التعاون وآياته (المائدة "2" والكهف "95") ومبدأ الأمانة وآياته)النساء "58" والمعارج "32" والانفال "37"). ومبدأ كظم الغيظ وآياته (ال عمران "134" والبقرة "237" " 219" والأعراف "199") مبدأ الابتعاد عن السخرية والنميمة وآياته)الحجرات "11")ومبدأ الأمر بالمعروف والنهي عن المنكر وآياته (ال عمران 104"لقمان "17" والحج "41") ومبدأ الإحسان وآياته (البقرة "83" ومريم "32" والنساء "36" وال عمران " 134") ومبدأ الحياء وآياته (الأعراف "22" والقصص"25") مبدأ الاستقامة والاعتدال وآياته (فصلت "6" والتوبة "7" والفاتحة "5") ومبدأ الوفاء بالعهد والوعد وآياته (الرعد "20" والتوبة "4" والمائدة "1" والشعراء "181")، ومبدأ التحية وإفشاء السلام وآياته)النساء "86" والنور "61").

ولقد اعتمد الباحث على الفهم العام لبعض الآيات القرآنية ومثال ذلك : قوله تعالى في سورة النحل ﭽﭾ ﭿ ﮀ ﮁ ﮂ ﮃ (النحل :90) وهذا أمر للمؤمنين من الله تعالى بالالتزام بالعدل والإحسان بجميع المعاملات . فاعتمد الباحث في تفسير وبيان المعنى العام للآيات على فهمه الخاص لمضمون الآيات.

وقام الباحث بالاستعانة ببعض التفاسير عندما يستشكل عليه تفسير آية واستعان بالتفاسير التالية " (تفسير التحرير والتنوير- لمحمد عاشور, وتفسير الجامع لأحكام القران للقرطبي, وتفسير ظلال القران للسيد قطب) وكتب الحديث كصحيح البخاري وصحيح مسلم (فتح الباري بشرح صحيح البخاري- للعسقلاني, وصحيح مسلم بشرح النووي والمعجم المفهرس لألفاظ القرآن الكريم).

وسأقدم أمثلة على اختياري آيات دون آيات أخرى وعلى استعانتي بفهمي الخاص في تفسير بعض الآيات وفي مكان أخر الاستعانة بـبعض التفاسير عنـد صـعوبة تفسيري الخاص لمعنى الآية ومن هذه الأمثلة :

مثال (1): وكان المعيار في قبول هذه الآية هو أنها تشير إلى أداء الأمانة بين المسلم و اخية المسلم. كقولة تعالى

﴿إن الله يأمركم أن تؤدوا الأمانات إلى أهلها وإذاحكمتم بين الناس أن تحكموا بالعدل إن الله نعما يعظكم به إن الله كانسميعا بصيرا﴾ (النساء : 58). ومن خلال رجوعي إلى القران الكريم و استخراج الموضوع من المعجم المفهرس لألفاظ القران الكريم , و كان المعيار في عدم اختيار هذه الآية :

كقولة تعالى (إن الذين كفروا بآياتنا سوف نصليهم نارا كلما نضجت جلودهم بدلناهم جلودا غيرها ليذوقوا العذاب إن الله كان عزيزا حكيما(النساء :56. لأنها لا تشير إلى علاقة بين المسلم وأخيه المسلم ولا تشير إلى سلوك بينهما.

- وتم الحصول على المعنى العام المطلوب مـن خـلال التفاسير ومـن خـلال فهمـي الخاص لها.

مثال(2): أوردت المعنى العام المطلوب للآية من خلال فهمي الخاص لها كقولة تعالى (واخفض لهما جناح الذل من الرحمة وقل رب ارحمهما كما ربياني صغيرا(

الاسراء :24. والتي تشير إلى أمر اللـه تعالى ببر الوالدين و الإحسان إليهم.

- و أوردت المعنى العام المطلوب للآية التالية : كقوله تعالى ﭽ)**أوفوا الكيل ولا تكونوا من المخسرين**(الشعراء :181 . من خلال الاستعانة ببعض التفاسير كتفسير ابن عاشور و ذلك لأني لم أفهمها وبيان المعنى العام حيث يقول ابن عاشور : أن الله أمر عبادة بالوفاء بالكيل والميزان في معاملاتهم مع بعضهم البعض.

ثالثا : أدوات الدراسة :

لبناء أدوات الدراسة تمت مراجعة الأدب النظري و الدراسات السابقة ذات العلاقة بموضوع السلوك الاجتماعي والقيم والآداب والأخلاق و كذلك علاقة كل مسلم مع الآخر داخل حدود المجتمع المسلم, و قد قمت بتطبيق الأدوات التالية:

1- الاستبانة:

تم إعداد أداة الاستبانة و التي تحتوي على ثلاثة مجالات،وهي مجال الأسرة، ومجال المؤسسة، ومجال المجتمع المحلي والتي تقيس مدى التزام شرائح من المجتمع الأردني بالسلوك الاجتماعي للمجتمع المسلم في ظل القران الكريم و السنة النبوية الشريفة المبينة لها و فيما يلي وصفا لأداة الدراسة(الاستبانة).

اعد الباحث هذه الأداة لقياس مبادئ السلوك الاجتماعي للمجتمع المسلم في القران و السنة ومدى التزام شرائح من المجتمع الأردني بها, وتكون المقياس من(69) فقرة بواقع"23" فقرة لكل مجال، جميعها تتصل بموضوع الدراسة و تتناوله من عدة جوانب و صممت الفقرات وفق مقياس"ليكرت

الخماسي" بحيث تمثل كل فقرة مقياسا مكونا من خمس درجات تعبر عـن مسـتويات متفاوتة من درجة الالتزام بدءا من الالتزام بموافق بشدة إلى معارض بشدة.

وفي ضوء هذه المبادئ فقد قمت ببناء استبانه وفق فقرات معتمدة على هذه المبـادئ و قد كانت مجالات فقرات الاستبانة بصورتها الأولية تحتوي على (85) فقرة و تضم خمـس مستويات وتحتوي ثلاثة مجالات, و بعد ذلك قمت عـدة مـرات بحـذف و تعـديل فقرات الاستبانة لأكثر من مرة حتى أضحت بصورتها النهائية مع المشرف ومن خـلال آراء المحكمـين بواقع (69)و قد وزعت الاستبانة بعـدد (350) أي بنسـبة (33.4%), وقـد اسـترجع الباحـث من الاستبانات المرسلة لمجتمع العينة عدد (257) بنسبة (89%).

جدول رقم)3) : توزيع فقرات الاستبانة على المجالات الثلاثة :

المجال	عدد الفقرات
المجال الأول: مجال الأسرة.	23
المجال الثاني:مجال المؤسسة التي يعمل بها	23
المجال الثالث:مجال المجتمع المحلي.	23
المجموع:	69

صدق وثبات الأداة :

أولا : الصدق

قام الباحث بالتحقق من الصدق من خلال :

تم التحقق من صدق أداة الاستبانة من خلال عرض الأداة على لجنة من المحكمين بلغت (19) محكما،لإبداء ملاحظاتهم وأرائهم وللتأكد من الأمور التالية :

- مدى صدق الصياغة من حيث سلامة اللغة ووضوح معانيها.

- إضافة أو حذف أو نقل أية فقرات إلى مجال أخر او إبدالها او حذفها.

- مدى مطابقة الفقرات تحت كل مجال من المجالات التالية.

وبعد الاطلاع على اقتراحات المحكمين وقد اعتمد الباحث نسبة اتفاق اكثرمن(80%)من رأي المحكمين و يعد ذلك مؤشرا للصدق قام الباحث بإجراء التعديلات التي أشارا إليها من حذف، أو نقل، وإعادة صياغة، أو إضافة بعض الفقرات وفي ضوء التعديلات للأداة "الاستبانة "أصبحت صادقة بدرجة مقبولة لإغراض الدراسة

ثانيا :الثبات

وللتحقق من ثبات الأداة تم استخدام طريقة الاختبار و إعادته فقد تم توزيع الاستبانة على عينة من غير عينة الدراسة و بعد مضي أسبوعين من تطبيق أداة البحث جرى تطبيقها مرة ثانية,و قد استخرج معامل ثبات بيرسون وقد بلغ معامل الثبات بيرسون (87%).

ويبين الجدول(4): معاملات ثبات بيرسون لدرجة التزام شرائح من المجتمع الأردني بمبادئ السلوك الاجتماعي في القران الكريم و السنة النبوية الشريفة :

المجال	قيمة معامل الثبات (بيرسون)
الأسرة	% 86
المؤسسة التي يعمل بها	% 83
المجتمع المحلي	% 88
الدرجة الكلية للمجالات مجتمعة	% 87

طريقة تصحيح المقياس:

لقد تم تصحيح المقياس بشكل يدوي من قبل الباحث على أساس تحويل الإجابة من الاختيارات إلى درجات و على النحو التالي :

بدائل الإجابة	طريقة تصحيح الفقرات
موافق بشدة	5 درجات
موافق	4 درجات
محايد	3 درجات
معارض	2 درجتين
معارض بشدة	1 درجة واحدة

تم تقسم درجة الالتزام الى ثلاثة مستويات على النحو الآتي:

- منخفض إذا تراوح المتوسط الحسابي بين (1-2.33).
- متوسط إذا تراوح المتوسط الحسابي بين (2.34–3.66).

مرتفع إذا تراوح المتوسط الحسابي بين (3.67–5.00).

- وتم التقسيم وفق الآتي: يوجد في الاستبانة خمس بدائل وهي:

موافق بشدة	موافق	محايد	معارض	معارض بشدة
5	4	3	2	1

ولهذه البدائل الخمس أربع فئات هي: الفئة الأولى)1- 1.99)، الثانية)2- 2.99)، الثالثة)3- 3.99) الرابعة)4-5). فيتم تقسيم عدد الفئات على عدد المستويات الثلاث للمتوسطات، فتكون النتيجة 3/4 = 1.33 وبعملية حسابية

1+ 1.33 = 2.33 إذن إذا تراوح المتوسط الحسابي بين (1-2.33) يكون المستوى منخفض

2.33 + 1.33 = 3.66 إذن إذا تراوح المتوسط الحسابي بين)2.34 – 3.66) يكون المستوى متوسط.

ما كان بين)3.67 – 5) يكون المستوى مرتفع

2- المقابلة:

ولمعرفة آراء أفراد من العينة حول التزام شرائح من المجتمع الأردني بمبادئ السلوك الاجتماعي في ضوء القران و السنة, قام الباحث بعمل مقابلات مع عينة من الأفراد في المؤسسات المعنية وفقا للمنهجية التالية:

1- **الموقع:** قام الباحث باختيار المؤسسات بالطريقة القصدية كالأتي:

- مؤسسة اجتماعية:قرى الاطفال (sos) فرع اربد، جمعية المحافظة على القران الكريم فرع صويلح
- مؤسسة تعليمية : جامعة عمان العربية.
- مؤسسة طبية : مستشفى الإسراء.
- إحدى الوزارات الخدمية: وزارة الزراعة "المركز ".
- أفراد من المجتمع المحلي : سوق اربد التجاري, و سوق صويلح التجاري, و كفتيريا جامعتي اليرموك و الأردنية, و اربد مول و مكة مول.

2- **المشاركون في الدراسة :** قام الباحث بالمقابلات العشوائية في المواقع السابقة.

3- **أدوات الدراسة:** قام الباحث بإجراء مقابلات غير مقننة بمعنى أن اسأل السؤال و بناء على نوع الإجابة أقوم بتوجيه أسئلة أخرى وهكذا.

4- **دور الباحث:** قام الباحث بطرح أسئلة غير معدة مسبقا, وذلك بطرح السؤال و بناء على نوع الجواب أقوم بتوجيه أسئلة أخرى وهكذا.

5- **الزمن و المدة:** قام الباحث بإجراء المقابلات مع المشاركين في كـل مـن المؤسسات المذكورة سابقا, وذلك بواقع) 5) مقابلات كل أسبوعين مع الأخذ بعين الاعتبار الظروف التي تحول دون إجراء المقابلات حيث تم إجراؤها في أسابيع لاحقة و تدوين الملاحظـات الهامـة و غير الهامة مع المشاركين وبلغت مدة المقابلات (12) ساعة.

6- **مؤشرات الصدق الداخلي:**

أ- قام الباحث بتسجيل الملاحظات للمشاركين آليا ثم تفريغها يـدويا عـلى نمـوذج معين خصص لهذه الغاية (عن طريق قلم و سجل).

ب- قام الباحث بتحليل المقابلات للمشاركين أولا بأول بعد تسـجيلها و تفريغهـا لضمان الدقة.

ج- قام الباحث بالتشاور مع المشاركين في بعض المعاني والتفسيرات.

7- **تحليل البيانات:** قام الباحث بتحليل البيانات التي جمعـت عـن طريـق المقابلات عن طريق تصنيفها إلى موضوعات و أنماط و فئات.

إجراءات المقابلة :

أ- قام الباحث بزيارة إلى كل من المؤسسات المذكورة سابقا وإجراء مقابلات شـفهية مع المعنيين, و اطلاعهم على أهداف الدراسة, وتحديد مدى رغبتهم في المشاركة, و المسـاعدة في إجراء المقابلات.

ب- قام الباحث بالحصول على إذن مسبق من بعض الإدارات العليا في كـل موقـف بحثي للدخول إلى موقع الدراسة و إجراء المقابلات.

ج- قام الباحث بالاجتماع مع المشاركين على حدة في موقع الدراسة لتحديد جدول زمني لإجراء المقابلات.

د- قام الباحث بإجراء مقابلات مع المشاركين في موعدها المقرر حسب برنامج المقابلة.

هـ- قام الباحث بتحليل المقابلات حسب الطريقة المشار إليها في تحليل البيانات.

3- **الملاحظة:**

قام الباحث باستخدام أداة الملاحظة للسلوك الاجتماعي الإسلامي لأفراد الدراسة في ضوء قائمة مبادئ السلوك الاجتماعي المستخلصة من القران الكريم والسنة النبوية المبينة لهذه الآيات، بعد التأكد من صدقها وثباتها حيث قام بتسجيل الملاحظات على الفئة المستهدفة بالمشاهدة والتسجيل لبعض المواقف وكذلك بالاستعانة بالقائمة حيث قام الباحث بوضع بعض الملاحظات حول السلوك المشاهد من الأفراد.

قد قمت من خلال الملاحظة بالذهاب إلى(سوق صويلح التجاري, وكفتيريا جامعتي اليرموك و عمان العربية و الأردنية, , و موقف سرفيس صويلح الجامعة الأردنية) فقد قمت بالرصد و المشاهدة ومن ثم الكتابة للمواقف السلوكية الملاحظة التي تصدر عن الأفراد في هذه المواقع وشاهدت الأفراد من بعد معين, وفي بعض الحالات اختلط بهم.

وقد واجهت كثير من الصعوبات سواء في مواقف الملاحظة أو في استخلاص تقييم ذي معنى و موضوعي للسلوك الملاحظ وهذا بالأمر الصعب,ومن الإجراءات التي قمت بها لجأت إلى تجزئة فترة المشاهدة المقررة

إلى وحدات اصغر يكون طول الواحدة منها في حالات المشاهدة خمس دقائق مثلا حتى أتاكد من أن سلوكا ما قد حصل فعلا أو لم يحصل خلال تلك الفترة, وفي إطار آخر قمت بتجزئة فترة الملاحظة (المشاهدة) إلى وحدات اصغر نسبيا، بحيث تمتد الواحدة منها إلى دقيقتين أو حتى اقل من ذلك ولكي يتسنى لي التسجيل الفوري لما أشاهده توخيت أن يكون بمشاهدتي للأفراد في مواقع مختلفة ما يلي : الحصول على اكبر قدر ممكن من الألفاظ والأفعال التي تصدر عن الفرد وسلوكه حتى تكون أفعالة هي التي تتكلم مباشرة من خلال سرعة تسجيل الملاحظة (المشاهدة) والموقف السلوكي وقابلية هذه المشاهدة والتطبيق في المواقف الغير طبيعية أي تطبيقها في مواقف الحياة العادية واستخدمت الملاحظة (المشاهدة) في بعض المواقف مع الأفراد الذين يكون التواصل اللفظي معهم صعبا وتحديد جوانب السلوك التي تجري مشاهدته بوضوح واقتصرت المشاهدة على جانب واحد من السلوك المشاهد في وقت واحد وحصلت على اكبر عدد ممكن من المشاهدات عن الأفراد حتى تكون عينة ممثلة لسلوكه ولم أتدخل كمشاهد في المواقف التي تجري مشاهدته إلا في وضع الإحراج و قمت بتأجيل الاستنتاجات والتعميمات وإصدار الأحكام حتى انتهاء فترة المشاهدة و بعد ذلك قمت بتفريغ المعلومات وإصدار الاستنتاجات وتعميمات و أحكام بعد تفريغ هذه المعلومات وتفسيرها والقيام بالاستدلال بها.

المعالجات الإحصائية:

من اجل معالجـة البيانـات إحصائيا استخدم برنامج الحـزم الإحصائية (spss) و تـم استخراج المتوسطات الحسابية و الانحرافات المعيارية و الرتبة للسؤال الثاني و تحليل التباين الأحادي للإجابة على سـؤال الدراسـة الثالـث واستخدام اختبـار شـافيه للمقارنـات البعديـة لإيجاد الفروق بين إجابات أفراد عينة الدراسة تبعا لمتغير المستوى التعليمي.

الفصـل الرابع

نتائج الدراسة

الفصل الرابع

نتائج الدراسة

النتائج المتعلقة بالسؤال الأول والذي نصه :

ما مبادئ السلوك الاجتماعي للمجتمع المسلم في ضوء تعليمات القران الكريم والسنة النبوية المطهرة المبينة لها ؟

للإجابة عن هذا السؤال قام الباحث بالرجوع إلى القران الكريم لاستخلاص مبادئ السلوك الاجتماعي، والاعتماد على السنة النبوية المبينة للآيات، ثم بيان مدى التزام المجتمع الأردني بهذه المبادئ في المدرسة الإسلامية (الآيات القرآنية والأحاديث النبوية الشريفة المبينة لها)

بر الوالدين:

بر الوالدين والإحسان إليهما واجب على كل مسلم ومسلمة، وهو مبدأ سلوكي، ومقترن بعبادة الله تعالى ويقول تعالى(وقضى ربك ألا تعبدوا إلا إياه وبالوالدين إحسانا إما يبلغن عندك الكبر أحدهما أو كلاهما فلا تقل لهما أف ولا تنهرهما وقل لهما قولا كريما (23) واخفض لهما جناح الذل من الرحمة وقل رب ارحمهما كما ربياني صغيرا) الإسراء :23-24)

أداء الأمانة:

فقد أمر القرآن المؤمنين برعاية الأمانة مع العباد ورد الودائع والعواري وغيرها من الحقوق لأصحابها، حيث يقول تعالى :

(إن الله يأمركم أن تؤدوا الأمانات إلى أهلها) النساء: 58) وقد وعد الله المؤمنين الملتزمين بأداء الأمانة كمبدأ سلوكي اجتماعي بدخول الجنة

الوفاء بالعهود والعقود والمواثيق

وهو مبدأ اجتماعي يندرج تحته مجموعة من المبادئ الاجتماعية الجزئية:

كالوفاء بالعهود: وأولى العهد الوفاء بعهد الله لقوله تعالى(الذين يوفون بعهد الله ولا ينقضون الميثاق)الرعد:20) والوفاء بالعهود مع غير المسلمين،ويدوم هنا الوفاء ما لم ينقضوها أو يعاونوا العدو على المسلمين، والوفاء بالوعد : قال تعالى (يا أيها الناس إن وعد الله حق فلا تغرنكم الحياة الدنيا)فاطر:5). والوفاء بالوعد من المبادىء الإجتماعية التي تؤدي بالمسلم إلى احترام أخيه المسلم واحترام الوقت، والامتثال لما أمر الله به.

العدل و القسط :

وهو ضرورة إنسانية، مقتضية عقلا، مفروضة شرعا. يقول سبحانه تعالى: (اعدلوا هو أقرب للتقوى) المائدة :8) والعدل قاعدة إسلامية أرادها الله سبحانه وهو العادل وطبق المسلمين العدل في جميع سلوكياتهم.

الصدقة:

رغب سبحانه في إخراج المال وإنفاقه في سبيل اللـه يقول سبحانه:

)قل لعبادي الذين آمنوا يقيموا الصلاة وينفقوا مما رزقناهم سرا وعلانية)إبراهيم:31)

ووعد اللـه المتصدقين أن يضاعف لهم الحسنه بعشر أمثالها إلى سبعمائة مثل، إلى ما شاء اللـه تعالى.

الصبر :

وذلك لأن المهمة الأولى للمسلم هي الدعوة إلى اللـه بما يستلزمه من صبر و ثبات وتضحية، وجاء الأمر القرآني بالالتزام بقيمة الصبر وتعظيمها وجعلها من عزم الأمور، وفي ذلك يقول سبحانه على لسان :

)واصبر على ما أصابك إن ذلك من عزم الأمور) لقمان :17).

الإحسان :

وهي تعني أن يعبد المؤمن ربه العبادة بمفهومها الشامل، على وجه المراقبة له تعالى واستحضار قربه، فقد أجاب الرسول الكريم عن سؤال جبريل عليه السلام عن الإحسان، قال "أن تعبد اللـه كأنك تراه، فإن لم تراه، فإنه يراك. ... ")مسلم : 1999،33). وقد أمر سبحانه المسلمين بقيمة الإحسان في غير موضع في القرآن، وقيمة الإحسان قد تكون واجبه كالإحسان إلى الوالدين يقول سبحانه

)إن اللـه يأمر بالعدل والإحسان)النحل، 90) وقوله تعالى (ألا تشركوا به شيئا وبالوالدين إحسانا (الأنعام :151)

النصيحة :

وتعني تقديم الإرشاد للآخرين إلى مصالحهم وإرادة الخير لهم، بدافع من قيم الأخوة والإيمان والمحبة، وهي مبدأ سلوكي اجتماعي واجب على كل مسلم بأن ينصح إخوانه المسلمين و أن يقبل النصح، يقول سبحانه (ليس على الضعفاء ولا على المرضى ولا على الذين لا يجدون ما ينفقون حرج إذا نصحوا لله ورسوله) التوبة : 91).

الإنفاق :

أوجب الـلـه في القران الحكيم الاعتدال في الإنفاق في مرتبة ما بين التقتير والتبذير، بقوله سبحانه (ولا تجعل يدك مغلولة إلى عنقك ولا تبسطها كل البسط فتقعد ملوما محسورا) الإسراء: 29) وقد تناول الكتاب الكريم الإنفاق كمبدأ اجتماعي وإنه يعمق الصلة بين المؤمنين بالقرابة أو الزوجية، فأوجب نفقة الفقراء على الموسرين من الأقارب وأولي الأرحام بما بكفل التضامن بين الأقارب وأولى الأرحام.

رعاية اليتيم والمحتاج :

وتكون بالقيام بظروف اليتيم والسعي في مصالحه، وتنمية ماله إذا كان له مال أنفق عليه على سبيل الصدقة ويقول سبحانه تعالى (ولا تقربوا مال اليتيم إلا بالتي هي أحسن حتى يبلغ أشده)(الأنعام :152) (ويسألونك عن اليتامى قل إصلاح لهم خير))البقرة : 220).

المساواة :

لقد أهتم الإسلام بترسيخ هذا المبدأ الاجتماعي، المساواة في المجتمع الإسلامي وبين أفراده، مجتمع التعدد الديني، وحارب كل أشكال التعصب الديني أو الطائفي، وكل صور التمييز العنصري، فقد صهر الناس جميعا من مشارق المعمورة ومغاربها في بوتقة أخوة الإيمان على قاعدة القرآن لقولة تعالى (إنما المؤمنون إخوة) الحجرات:10).

الشورى :

وهي تبادل الآراء والأفكار ووجهات النظر بين المسلمين وبين الحاكم والرعية، كما يقوم على أساس الاسترشاد بمعرفة أصحاب الاختصاص، ولهذا كان هذا المبدأ السلوكي الاجتماعي عامل مهم في احترام الناس وتقديرهم لبعضهم البعض، واحترام الحاكم للرعية مما يدفع الرعية إلى الالتزام بتطبيق القرارات التي ساهمت في وضعها، وتحمل مسؤولية نتائجها وقد كان هذا المبدأ متجذرا في القرآن من خلال آياته لقوله تعالى (وشاورهم في الأمر فإذا عزمت فتوكل على الله إن الله يحب المتوكلين) آل عمران : 159).

العزة :

هي قناعة نفسية، إذا تركزت ورسخت في النفوس، لم يشعر معها المرء بفقر، ولا خوف ولا ذلة، فأرادها الله للمؤمنين وجعلها سمة لهم وطابع خاص للمؤمنين لأنه المعز وحده سبحانه لقوله (يقولون لئن رجعنا إلى

المدينة ليخرجن الأعز منها الأذل ولله العزة ولرسوله وللمؤمنين ولكن المنافقين لا يعلمون) المنافقون:8).

الإخاء :

المسلم بحكم إيمانه لا يحب إلا في الله، ولا يبغض إذا أبغض إلا في الله تعالى، فالتعاليم الإسلامية تقوم على التضامن واجتماع الكلمة، ويتجلى ذلك من خلال قوله تعالى (إنما المؤمنون إخوة فأصلحوا بين أخويكم واتقوا الله لعلكم ترحمون) الحجرات :10).

حفظ السر :

كتمان السر وحفظه هو مبدأ سلوكي اجتماعي تربوي متميز رفيع ذو أبعاد أخلاقية اجتماعية كثيرة، وهو أحد السبل الذي يتحقق بها مقاصد الشريعة في حفظ النفس والمال والعرض، وقال تعالى (وأوفوا بالعهد إن العهد كان مسئولا) الإسراء:34).

الرجاء والأمل بالمغفرة والرحمة :

ويتمثل هذا المبدأ الاجتماعي بأن يرجو العبد ربه بالمغفرة والرحمة ويعمل بما يقتضيه الإيمان الحقيقي من التزام بقيم الوحي وتعاليمه من تقوى واستقامة، وعمل الصالحات واجتناب المنهيات والالتزام بالطاعات، والتخلق بالأخلاق الفاضلة فعندها يستحق المؤمن رجاء العفو والرحمة ودخول الجنة. ويقول تعالى (قل يا عبادي الذين أسرفوا على أنفسهم لا تقنطوا من رحمة الله إن الله يغفر الذنوب جميعا إنه هو الغفور الرحيم) (الزمر :53).

الزواج:

هذا المبدأ الاجتماعي الذي رغب به الباري عز وجل للقادر على واجباته، وعلى نفقته وهو عقد من إيجاب وقبول، (ومن آياته أن خلق لكم من أنفسكم أزواجا لتسكنوا إليها وجعل بينكم مودة ورحمة إن في ذلك لآيات لقوم يتفكرون)الروم : 21)

العمل والإنتاج :

وهو مبدأ اجتماعي سام أمر به القرآن تحقيقا لمجتمع النشاط والإنتاج، والمجتمع الذي يحقق معنى الخلافة وإعمار الكون، وجاء في كثير من آيات القرآن اقتران تسخير الله بكل ما في الكون للإنسان لقوله سبحانه (قل انظروا ماذا في السماوات والأرض) يونس :101)

رعاية الفقراء:

إن وجود الفقر بين الناس ليست أمرا غريبا، ولا يمكن رفعه البتة بتسوية الناس في الأرزاق، لحكمة أرادها الله، وإنما فقط يمكن التخفيف منه، ومعالجة بعض صوره لتحصيل الكفاف للفقراء، وتقريب الشقة بينهم وبين الأغنياء، وقال تعالى (إن تبدوا الصدقات فنعما هي وإن تخفوها وتؤتوها الفقراء فهو خير لكم ويكفر عنكم من سيئاتكم و الله بما تعملون خبير)البقرة :271).

الدعوة إلى الإسلام :

حمل الدعوة الإسلامية وأجب على كل مسلم ومسلمة في حدود عمله ومعرفته واستطاعته إلا أن مسؤولية العالم أعظم من مسؤولية غيره كيف لا وهم ورثة الأنبياء ؟ وقد قام الرسول الكريم بمهمة تبليغ الإسلام ونشط وسلك في سبيل ذلك وسائل وأساليب متنوعة، لقولة تعالى (ادع إلى سبيل ربك بالحكمة والموعظة الحسنة وجادلهم بالتي هي أحسن إن ربك هو أعلم بمن ضل عن سبيله وهو أعلم بالمهتدين) النحل :125).

الدعوة إلى العلم وطلبه :

إن هذا المبدأ السلوكي الاجتماعي طلب العلم المتمثل في المداومة على طلب المزيد منه لقوله تعالى : (وقل رب زدني علما)طه:114)

حسن الجوار :

قد أوصى الـلـه تعالى المسلمين بحسن الجوار والمحافظة على سمعة ومعاملة الجار لقوله تعالى (واعبدوا الـلـه ولا تشركوا به شيئا وبالوالدين إحسانا وبذي القربى واليتامى والمساكين والجار ذي القربى والجار الجنب)النساء:36.

التعاون :

خلق الـلـه سبحانه وتعالى الإنسان اجتماعيا بطبيعته، لا يمكنه القيام بأعباء هذه الحياة منفردا، ولا الحصول على لوازمه وحده، بل لا بد له من مشاركة غيره، ولهذا كان الاتحاد والتعاون من أكبر لوازم الحياة لتذليل

صعابها، لقوله تعالى(وتعاونوا على البر والتقوى ولا تعاونوا على الإثم والعدوان واتقوا الله إن الله شديد العقاب) (المائدة : 2).

الاستئذان :

الأمر بطلب الأذن بالدخول ثابت و متجذر في القران الكريم، وبينت الآيات أن أحكام الاستئذان خاصة بالبالغين من الرجال والنساء، ثم أمر سبحانه بأن يستأذن الأطفال الذين لم يبلغوا مبلغ الرجال في ثلاث أوقات وهي : في الليل وقت النوم، ووقت الظهيرة حين تخلع الثياب للقيلولة، ووقت الاستعداد للنوم من بعد صلاة العشاء،فتجذر في القران الكريم لقوله تعالى (وإذا بلغ الأطفال منكم الحلم فليستأذنوا كما استأذن الذين من قبلهم كذلك يبين الله لكم آياته و الله عليم حكيم) (النور :59) .

التسامح :

قد عمل القران الكريم على ترسيخ مبدأ التسامح الاجتماعي وكظم الغيظ كالتسامح الفكري وذلك في وصول العقيدة الإسلامية لكل فرد وإنسان، لقوله تعالى (وإن كان ذو عسرة فنظرة إلى ميسرة وأن تصدقوا خير لكم إن كنتم تعلمون) (البقرة:280).

التحية وإفشاء السلام:

إن لهذا المبدأ الاجتماعي أثرا كبيرا في إشاعة جو المحبة والألفة بين المسلمين حيث يقول سبحانه مرشدا المسلمين إلى قيمة إفشاء السلام لقوله

تعالى (وإذا حييتم بتحية فحيوا بأحسن منها أو ردوها إن الله كان على كل شيء حسيبا) (النساء 86:).

الصداقة والصحبة :

ولأن المرء على دين خليله، فقد إهتم الإسلام بهذا المبدأالإجتماعي الصداقة وأوصى المسلم بإختيار أصدقائه من ذوي الأخلاق الحسنة، فإن الصديق السيئ لابد وأن يؤثر في سلوك خليله يقول سبحانه (يا ويلتى ليتني لم أتخذ فلانا خليلا) الفرقان 28:) وقد أثبت القران الكريم قيمة الصحبة لرسول الله عليه السلام لقوله تعالى (إذ يقول لصاحبه لا تحزن إن الله معنا)

الاحترام والتقدير :

احترام المسلم لأخيه المسلم واجب ديني، ومبدأ سلوكي اجتماعي إذ الأصل أن المسلم محترم ما دام يوفر لنفسه الاحترام، وهذا ما يتضح لنا في كتاب الله في غير آية، ولذا فإن من يتعدى حدود الله يستحق أن يسلب منه المبدأ الاجتماعي الاحترام.

الوقار:

فكما أن القرآن العظيم قد وفر الاحترام بين جماعة المسلمين، فقد أسند ذلك بالمبدأ الاجتماعي الوقار وأمر أن تكون سمة المسلم من كل يشوبها، فقد أمر القرآن الكريم المسلم بالاطمئنان في مشيه في غير موضع، يقول سبحانه (وعباد الرحمن الذين يمشون على الأرض هونا) الفرقان 63:)، ويقول

تعالى(فجاءته إحداهما تمشي على استحياء قالت إن أبي يدعوك)(القصص:25).

التواضع :

والتواضع هو الانخراط في مرتبة ما بين الكبر والضعة، وهو مبدأ إسلامي اجتماعي رفيع أمر الله به رسوله والمؤمنين قائلا(واخفض جناحك لمن اتبعك من المؤمنين)الشعراء:215).

ترك الفضول:

إذا كانت حياة الإنسان محدودة بأجل، وواجبات الإنسان تستغرق حياته كلها، فإن الواجب يحتم عليه أن يستغل كل لحظة من هذه الحياة الدنيا في ما يعود عليه، وعلى غيره بالنفع، وقال تعالى (قد أفلح المؤمنون (1) الذين هم في صلاتهم خاشعون (2) والذين هم عن اللغو معرضون) المؤمنون :1-3).

ترك الشبهات :

بني الإسلام تكاليفه على الأمر والنهي ليخرج المكلفين عن دواعي أهوائهم، ويجعلهم خاضعين لقانون الشرع العادل والعمل بأوامر الله تعالى واجتناب نواهيه يكون المرء على بينة من الحد الفاصل بين الحلال والحرام

الحزم:

وإلى جانب مبدأ الرأفة واللين الاجتماعي ثمة أصل يرتبط به الحزم والذي غالبا ما ورد في سياق التعامل مع المشتركين في مراجعة الخيانة يقول سبحانه (وإما تخافن من قوم خيانة فانبذ إليهم على سواء إن الله لا يحب

الخائنين) الأنفال 58:) أما الحزم ضمن المجتمع الإسلامي، كالحزم في تطبيق حدود الله تعالى (الزانية والزاني فاجلدوا كل واحد منهما مئة جلدة ولا تأخذكم بهما رأفة في دين الله) النور 2:) من أجل أن يبقى المجتمع الإسلامي قويا منيعا محافظا على هيبته في الداخل والخارج.

التواصي بالحق:

يقول)الألوسي 219/15:) في تفسير التواصي بالحق " أي حث بعضهم بعضا للأمر الثابت الذي لا سبيل إلى إنكاره ولا زوال في الدارين لمحاسن آثاره، وهو الخير كله من الإيمان بالله تعالى، واتباع كتبه ورسله عليهم السلام في كل عقد وعمل " وعليه فإن الحق هو كل ما جاء به كتاب الله أمر ثابت لا يسوغ إنكاره من اعتقاد أو عمل. إن في شيوع هذا الأصل الاجتماعي " التواصي بالحق" بين المسلمين ما يساعد على نشر الفضيلة والخير في المجتمع وما يعزز قيم الألفة والمحبة والثقة والأمان. وبهذا يصبح المجتمع قويا متماسكا تسوده الألفة والثقة والراحة والرحمة والمحبة بين المسلمين وهذا أثر تربوي لهذا الأصل الاجتماعي.

الكرم والسخاء :

فان الله تعالى وهو الكريم قد أحب كل كريم، والكرم مبدأ اجتماعي عربي أصيل أكده الإسلام وحث المسلمين عليه، واعتبر الملتزمين بهذا الأصل الاجتماعي الكرم من المفلحين، يقوله سبحانه (ومن يوق شح نفسه فأولئك هم المفلحون) الحشر: 9) .

الحياء:

هو الكف عن كل ما يستحقه العقل، ويمجه الذوق، واستنكار كل ما لا يرضى به الخالق والمخلوق، فهو مبدأ اجتماعي وخلق شريف يمنع المرء عن فعل المحرمات وإتيان المنكرات ويصونه عن الوقوع في الأوزار والأثام، فمن فقد الحياء ذهبت آدابه أدراج الرياح، وأضحى منبوذا محروما من كل خير وفضل وقال تعالى (ومن تزكى فإنما يتزكى لنفسه وإلى اللـه المصير)فاطر:18).

الحلم :

هو ضبط النفس عند ثورة الغضب حال وجود ما يدعو إليه، وتملك عنانها، وحذر الاسترسال في هيجانها، فيحدث مالا تحمد عقباه، فكم جر الغضب من الأضرار على أناس ما لو ملكوا أنفسهم وكبحوا جماحها ليسلموا منه، والحلم سيد الأخلاق، وقال تعالى(ولمن صبر وغفر إن ذلك لمن عزم الأمور) الشـورى، 43)..

العفة :

هي اجتناب ما لا يحل، وصد النفس عن تتبع شهواتها الدنيئة أو السير وراء أطماعها الرديئة، فما أسعد من ملك عنان نفسه، وقبض على زمامها، فإنه يأمن من الوقوع في مهاوي الردى، ومواطن الهلاك، وقال تعالى (ومن كان غنيا فليستعفف ومن كان فقيرا فليأكل بالمعروف)النساء:6).

الإخلاص :

إن هذا المبدأ الاجتماعي "الإخلاص بالنية لله"، أو قصد وجه الله، هو أصل تربوي قرآني يجب أن يسري مع المؤمن في كل قول أو فعل، فان كل عمل لا يراد به وجه الله باطل، وهو أن يعمل المرء بوحي من ضميره الخالص، فقال جل شأنه (واذكر في الكتاب موسى إنه كان مخلصا وكان رسولا نبيا)مريم :51).

اجتناب الكبائر و النواهي :

الكبائر هي الذنوب المؤبقة، والفواحش المهلكة، والمخالفات الشرعية الخطيرة التي من شأن الانغماس فيها، والوقوع في حمايتها، إذ يؤدي إلى فساد الضمائر، وموت القيم، وخراب المجتمعات، وانهيار الأمم والحضارات   وقال تعالى (إن تجتنبوا كبائر ما تنهون عنه نكفر عنكم سيئاتكم وندخلكم مدخلا كريما) النساء: 31).

التوبة :

كثيرا ما يجد الإنسان نفسه ارتكب بعض المعاصي، ووقع في أنواع من المحظورات إلا أن الشرع الإسلامي لم يسد الباب في وجهه، بل فتح له من قبيل رفع الحرج من باب التوبة، التي إذا ادخلها المؤمن بقلب سليم، ونية خالصة، وغفر الله له ما تقدم من ذنبه لقوله تعالى (وتوبوا إلى الله جميعا أيها المؤمنون لعلكم تفلحون) النور :31). والتوبة والاستغفار مبدءان

متلاحمان. لقوله تعالى (وأن استغفروا ربكم ثم توبوا إليه يمتعكم متاعا حسنا)هود :3).

التنافس في الطاعات :

خلق الإنسان ميالا إلى حب الشهوات، متسابقا إلى تحقيق الرغبات، ومن ثم كان التنافس على البلوغ إلى الأهداف وتحقيقها دائما بين الناس، وقال تعالى (ولكل وجهة هو موليها فاستبقوا الخيرات) البقرة : 148). ولقد مدى وعيه، بمسؤوليته وتعلق بدينة.

الاستقامة والاعتدال :

فالاستقامة هي التزام الحق الذي شرعة لعبادة، والثبات عليه، والتمسك به وعدم التفريط فيه أو الميل عن ذات اليمين أو ذات الشمال، فباستقامة الإنسان يكون هناك انعكاس تربوي يؤدي إلى سعادته وراحة ضميره، وتتحسن أحواله وتستقيم وقال تعالى (قل إنما أنا بشر مثلكم يوحى إلي أنما إلهكم إله واحد فاستقيموا إليه واستغفروه وويل للمشركين) (فصلت :6).

شكر النعم والحمد:

وهو مبدأ اجتماعي راسخ في نفس العبد المؤمن بالله تعالى، وهي الثناء عليه تعالى باللسان والجوارح على وجه التعظيم والتبجيل على نعمة مسداة أو على صفة من صفات كماله، وقال تعالى، قوله تعالى (وإن تعدوا نعمة اللـه لا تحصوها إن الإنسان لظلوم كفار) (إبراهيم :34).

محاسبة النفس :

للنفس نزعات شيطانية، ولذات شهوانية، فإذا تركت تسعى وراء لذاتها، وتسير في سبل شهواتها، فنزعت من الشر كل منزع، ويقـول تعالـى (قد أفلح من زكاها (9) وقد خاب من دساها)الشمس :9-10).

التقوى :

التقوى مبدأ اجتماعي وفضيلة من الفضائل الأخلاقية التي ينبغي أن يتحلى بها المسلم لأنها أصل لكل خير، وباعث على الصلاح والكمال، وقد أمر اللـه المؤمنين بها فقال(يا أيها الذين آمنوا اصبروا وصابروا ورابطوا واتقوا اللـه لعلكم تفلحون) آل عمران :200).

طاعة ولي الأمر:

هذا المبدأ الاجتماعي مهم لأنه يقوي الصلة بين ولي الأمر والرعية والآيات تدل على وجوب طاعة ولي الآمر حيث يقول اللـه تعالى (يا أيها الذين آمنوا أطيعوا اللـه وأطيعوا الرسول وأولي الأمر منكم) النساء:59).

الأمر بالمعروف والنهي عن المنكر :

من المبادئ الاجتماعية التي حث عليها الإسلام مبدأ الأمر بالمعروف والنهي عن المنكر، لأنه وسيلة لإشاعة الخير والحق والعدل، ومطاردة الشر والباطل، ولذلك فهو الأساس في رفعة الأمة وفضلها حيث يقول تعالى (كنتم خير أمة أخرجت للناس تأمرون بالمعروف وتنهون عن المنكر) آل عمران :110).

الذكر لله تعالى :

وهو مبدأ اجتماعي وقيمة فرضها الله تعالى على المؤمنين، إذ يقول سبحانه (يا أيها الذين آمنوا اذكروا الله ذكرا كثيرا) الأحزاب: 41) إن هذا المبدأ الاجتماعي يتميز بأن الأمر فيه ينسحب على كافة الظروف والأحوال دون استثناء يقول سبحانه : (الذين يذكرون الله قياما وقعودا وعلى جنوبهم) آل عمران: 191).

التسبيح :

فهو تنزيه الله تعالى عن كل شيء، وجعل ذلك في فعل الخير كما جعل الابتعاد عن الشر بكثرة التسبيح، وجعله عاما في العبادات قولا كان أو فعلا أو نية ويقول سبحانه (تسبح له السموات السبع والأرض ومن فيهن وإن من شيء إلا يسبح بحمده ولكن لا تفقهون تسبيحهم إنه كان حليما غفورا) الإسراء:44).

القول السديد :

كما أمر الإسلام أبناءه وأفراده بسديد القول، وصدقه فقد قال الله تعالى:

(يا أيها الذين آمنوا اتقوا الله وقولوا قولا سديدا (70))يصلح لكم أعمالكم ويغفر لكم ذنوبكم ومن يطع الله ورسوله فقد فاز فوزا عظيما) الأحزاب: 70)

النتائج المتعلقة بالسؤال الثاني والذي نصه :

ما درجة التزام شرائح من المجتمع الأردني ببعض مبادئ السلوك الاجتماعي الإسلامي؟

أولا : قام الباحث بتحليل محتوى المقابلات لمبادئ السلوك الاجتماعي للمجتمع الأردني مع عدد من الموظفين من شرائح المجتمع وقد كانت نتائج التحليل كما يبينها الجدول الآتي :

جدول المقابلات (5)

عالي	متوسط	منخفض	رقم السؤال
			المبدأ الأول: العدل
3	1	6	1- ما مستوى تطبيق العدل في أسرتك, مؤسستك, المجتمع المحلي؟
5	1	4	2- ما مستوى تطبيقك للعدل في أسرتك, مؤسستك, المجتمع المحلي ؟
			المبدأ الثاني: الإيثار
1	2	7	1- ما مستوى تطبيق الإيثار في أسرتك,مؤسستك, المجتمع المحلي؟
2	3	5	2- ما مستوى تطبيقك للإيثار في أسرتك, مؤسستك, المجتمع المحلي ؟
			المبدأ الثالث: الشورى
3	1	6	ما مستوى تطبيق الشورى في أسرتك, مؤسستك, المجتمع المحلي؟

2	2	6	ما مستوى تطبيقك للشورى في أسرتك, مؤسستك, المجتمع المحلي ؟
			المبدأ الرابع: الطاعة بالمعروف
3	1	6	1- ما مستوى تطبيق الطاعة بالمعروف في أسرتك, مؤسستك, المجتمع المحلي؟
3	3	6	2- ما مستوى تطبيقك للطاعة بالمعروف في أسرتك, مؤسستك, المجتمع المحلي ؟
			المبدأ الخامس: الاستئذان
3	1	6	1- ما مستوى تطبيق الاستئذان في أسرتك, مؤسستك, المجتمع المحلي؟
4	2	4	2 - ما مستوى تطبيقك للاستئذان في أسرتك, مؤسستك, المجتمع المحلي ؟
			المبدأ السادس: التواضع
3	3	4	1- ما مستوى تطبيق التواضع في أسرتك, مؤسستك, المجتمع المحلي؟
4	4	2	2- ما مستوى تطبيقك التواضع في أسرتك, مؤسستك, المجتمع المحلي ؟
			المبدأ السابع: النصيحة
3	1	6	1- ما مستوى تطبيق النصيحة في أسرتك,مؤسستك, المجتمع المحلي؟
4	3	3	2 - ما مستوى تطبيقك للنصيحة في أسرتك, مؤسستك, المجتمع المحلي؟

			المبدأ الثامن: الإخلاص
3	2	5	1- ما مستوى تطبيق الإخلاص في أسرتك, مؤسستك, المجتمع المحلي؟
3	4	3	2- ما مستوى تطبيقك للإخلاص في أسرتك, مؤسستك, المجتمع المحلي؟
			المبدأ التاسع: حفظ السر
3	1	6	1- ما مستوى تطبيق حفظ السر في أسرتك, مؤسستك, المجتمع المحلي؟
4	5	1	2- ما مستوى تطبيقك لحفظ السر في أسرتك, مؤسستك, المجتمع المحلي؟
			المبدأ العاشر: الصبر
4	1	5	1- ما مستوى تطبيق الصبر في أسرتك, مؤسستك, المجتمع المحلي؟
2	6	2	2 - ما مستوى تطبيقك للصبر في أسرتك, مؤسستك, المجتمع المحلي؟
			المبدأ الحادي عشر: الصدق
6	4	3	1- ما مستوى تطبيق الصدق في أسرتك, مؤسستك, المجتمع المحلي؟
4	5	1	2 - ما مستوى تطبيقك للصدق في أسرتك, مؤسستك, المجتمع المحلي؟
3	-	7	المبدأ الثاني عشر:إصلاح ذات البين 1- ما مستوى تطبيق إصلاح ذات البين في أسرتك, مؤسستك, المجتمع المحلي؟

4	2	4	2 - ما مستوى تطبيقك لإصلاح ذات البين في أسرتك, مؤسستك, المجتمع المحلي؟
			المبدأ الثالث عشر: صلة الرحم (الصلة بالزملاء)
3	1	6	1- ما مستوى تطبيق صلة الرحم(الصلة بالزملاء) في أسرتك,مؤسستك, المجتمع المحلي؟
4	5	1	2- ما مستوى تطبيقك لصلة الرحم(الصلة بالزملاء) في أسرتك, مؤسستك, المجتمع المحلي؟
			المبدأ الرابع عشر: التعاون
4	1	5	1- ما مستوى تطبيق التعاون في أسرتك,مؤسستك, المجتمع المحلي؟
5	4	1	2- ما مستوى تطبيقك للتعاون في أسرتك, مؤسستك, المجتمع المحلي؟
			المبدأ الخامس عشر: الأمانة
3	1	6	1- ما مستوى تطبيق الأمانة في أسرتك, مؤسستك, المجتمع المحلي؟
6	3	1	2- ما مستوى تطبيقك للأمانة في أسرتك, مؤسستك, المجتمع المحلي؟
			المبدأ السادس عشر: كظم الغيظ
3	-	7	1- ما مستوى تطبيق كظم الغيظ في أسرتك,مؤسستك, المجتمع المحلي؟

2- ما مستوى تطبيقك لكظم الغيظ في أسرتك, مؤسستك, المجتمع المحلي؟	2	3	5
المبدأ السابع عشر: الابتعاد عن السخرية و النميمة			
1- ما مستوى تطبيق الابتعاد عن السخرية و النميمة في أسرتك,مؤسستك, المجتمع المحلي؟	8	1	1
2 - ما مستوى تطبيقك للابتعاد عن السخرية و النميمة في أسرتك, مؤسستك, المجتمع المحلي؟	3	3	4
المبدأ الثامن عشر: الأمر بالمعروف و النهي عن المنكر			
1- ما مستوى تطبيق الأمر بالمعروف و النهي عن المنكر في أسرتك,مؤسستك, المجتمع المحلي؟	7	2	1
2- ما مستوى تطبيقك للأمر بالمعروف و النهي عن المنكر في أسرتك, مؤسستك, المجتمع المحلي؟	3	4	3
المبدأ التاسع عشر: الإحسان			
1 - ما مستوى تطبيق الإحسان في أسرتك, مؤسستك, المجتمع المحلي؟	7	-	3
2 - ما مستوى تطبيقك للإحسان في أسرتك, مؤسستك, المجتمع المحلي؟	1	5	4
المبدأ العشرون: الحياء			
1- ما مستوى تطبيق الحياء في أسرتك,مؤسستك, المجتمع المحلي؟	3	4	3

2- ما مستوى تطبيقك للحياء في أسرتك, مؤسستك, المجتمع المحلي؟	-	5	5
المبدأ الواحد و العشرون: الاستقامة			
1- ما مستوى تطبيق الاستقامة في أسرتك,مؤسستك, المجتمع المحلي؟	5	2	3
2- ما مستوى تطبيقك للاستقامة في أسرتك, مؤسستك, المجتمع المحلي؟	-	8	2
المبدأ الثاني و العشرون: الوفاء بالعهد و الوعد			
1- ما مستوى تطبيق الوفاء بالعهد و الوعد في أسرتك, مؤسستك, المجتمع المحلي؟	6	1	3
2- ما مستوى تطبيقك للوفاء بالعهد و الوعد في أسرتك, مؤسستك, المجتمع المحلي؟	2	2	6
المبدأ الثالث و العشرون: إلقاء السلام			
1- ما مستوى تطبيق إلقاء السلام في أسرتك, مؤسستك, المجتمع المحلي؟	-	1	9
2- ما مستوى تطبيقك لي لقاء السلام في أسرتك, مؤسستك, المجتمع المحلي؟	-	-	10

ثانيا : الملاحظة:

سوف اعـرض نتائـج ملاحظـاتي بالرصـد أو الزيـارات لمواقـف شـاهدتها وكانـت نتائـج الملاحظة كما يلي :

1- مستوى سلوكي منخفض، وهو سلوك الغش الظاهر، والغبن في السعر مـن البائـع للمشتري في شرائه لبعض السلع، وعدم الأمانة الظاهرة مـن خـلال كـلام البائـع مـع المشـتري، واستغفاله له بالسعر.

2- مستوى سلوكي منخفض، هذا السلوك من خلال عـدم تطبيـق العـدل بـين الأفـراد داخل العيادة وقول الطبيب لهذه السيدة معها أموال طائلة وهذا تصرف غير منسجم مـع مبدأ العدل الإسلامي بين الأفراد في المجتمع المسلم.

3- مستوى سلوكي منخفض، وأنـه لا يـتماشى مـع الخلـق الإسـلامي الرفيـع، والعلاقـات الاجتماعية الطيبة بين الأفراد في العلاقات داخل إطار المجتمع ولا يتوافق مـع مبـدأ الأمـر بالمعروف والنهي عن المنكر وكذلك عدم تطبيق الاستئذان.

4- مستوى سلوكي مـنخفض، فصـاحب التاكسي ـ لم يتوكل عـلى اللـه وإنمـا قـال هـي براعتي في السواقة ولم يقل قدر اللـه" وهذا سلوك لا يـتماشي ولا ينسجم مع الإيمان بالقضاء والقدر، وسلوك لا ينم عن إيمان الفرد.

5- مستوى مـنخفض، مـن خـلال الابتعـاد عـن السـخرية والنميمـة مـنخفض، فهـؤلاء الأشخاص عندهم ضعف الوازع الـديني والأخلاقـي عنـدهم. يجعلهـم يفعلـون مـا يشـاءون بدون مبدأ سلوكي ينظمون أمورهم عليه.

6- مستوى سلوكي منخفض، الحياء بين الأفراد، وعدم التلطف واحترامه ومساعدته بالكبير السن، وهذا ينم عن فساد في القيم الاجتماعية بين الأفراد.

7- مستوى سلوكي منخفض، التآلف بين ثنايا الأسرة، فوجدت عدم الاحترام والتقدير لأهله ولإخوانه هذا الفرد. وهو سبب من أسباب العقوق.

8- مستوى منخفض، من خلال وضع للطالب علامة لا يستحقها بالتالي انتفاء العدل وعدم تكافؤا الفرص في الجامعات والمؤسسات التعليمية.

وللإجابة عن هذا السؤال كذلك تم حساب المتوسطات الحسابية والانحرافات المعيارية، كما حددت الرتب ودرجة الالتزام لفقرات الاستبانة، والجدول (6) يبين هذه النتائج.

الجدول (6)

المتوسطات الحسابية والانحرافات المعيارية والرتبة ودرجة التزام شرائح من المجتمع الأردني ببعض مبادئ السلوك الاجتماعي الإسلامي مرتبة تنازليا

الرقم	المجال	المتوسط الحسابي	الانحراف المعياري	الرتبة	درجة الالتزام
1	الأسرة	4.24	0.42	1	مرتفعة
2	المؤسسة	2.27	1.10	2	منخفضة
3	المجتمع المحلي	2.24	1.08	3	منخفضة
4	الدرجة الكلية	2.92	0.75		متوسطة

يظهر من الجدول (6) أن درجة التزام شرائح من المجتمع الأردني ببعض مبادئ السلوك الاجتماعي الإسلامي كانت بشكل عام متوسطة، إذ بلغ المتوسط الحسابي (2.92)، بانحراف معياري (0.75)، وقد جاءت مجالات الأداة بين المنخفضة والمرتفعة، إذ تراوحت المتوسطات الحسابية لها بين (4.24- 2.24)، وجاء مجال الأسرة في الرتبة الأولى بمتوسط حسابي (4.24)، بانحراف معياري (0.42)، وجاء في الرتبة الثانية مجال المؤسسة التي يعمل بها أفراد عينة الدراسة بمتوسط حسابي (2.27)، بانحراف معياري (1.10)، وجاء في الرتبة الثالثة والأخيرة مجال المجتمع المحلي بمتوسط حسابي (2.24)، بانحراف معياري (1.08)، كما تم حساب المتوسطات الحسابية والانحرافات المعيارية وحددت الرتب والدرجة لفقرات كل مجال من مجالات أداة الدراسة وعلى النحو الآتي:

أولا: مجال الأسرة:

الجدول (7)

المتوسطات الحسابية والانحرافات المعيارية والرتبة ودرجة التزام شرائح من المجتمع الأردني بفقرات مجال الأسرة مرتبة تنازليا

الرقم	الفقرة	المتوسط الحسابي	الانحراف المعياري	الرتبة	درجة الالتزام
23	إلقاء السلام أساس التعامل بين أفراد أسرتي.	4.74	0.60	1	مرتفعة
2	الإيثار أساس التعامل بين أفراد أسرتي.	4.44	0.66	2	مرتفعة
4	الطاعة بالمعروف أساس التعامل بين أفراد أسرتي .	4.38	0.66	3	مرتفعة
6	التواضع أساس التعامل بين أفراد أسرتي.	4.37	0.66	4	مرتفعة
8	الإخلاص أساس التعامل بين أفراد أسرتي.	4.36	0.66	5	مرتفعة
12	إصلاح ذات البين أساس التعامل بين أفراد أسرتي.	4.35	2.58	6	مرتفعة
11	الصدق أساس التعامل بين أفراد أسرتي.	4.31	0.58	7	مرتفعة
14	التعاون أساس التعامل بين أفراد أسرتي .	4.26	0.64	8	مرتفعة
15	الأمانة أساس التعامل بين أفراد أسرتي.	4.26	0.57	8	مرتفعة
1	العدل أساس التعامل بين أفراد أسرتي.	4.24	0.60	10	مرتفعة
10	الصبر أساس التعامل بين أفراد أسرتي.	4.24	0.66	10	مرتفعة

13	صلة الرحم أساس التعامل بين أفراد أسرتي .	4.23	0.60	12	مرتفعة
7	النصيحة أساس التعامل بين أفراد أسرتي.	4.20	0.63	13	مرتفعة
18	الأمر بالمعروف والنهي عن المنكر أساس التعامل بين أفراد أسرتي .	4.17	0.65	14	مرتفعة
22	الوفاء بالعهد والوعد أساس التعامل بين أفراد أسرتي.	4.16	0.69	15	مرتفعة
3	الشورى أساس التعامل بين أفراد أسرتي.	4.14	0.62	16	مرتفعة
20	الحياء أساس التعامل بين أفراد أسرتي .	4.14	0.63	16	مرتفعة
21	الاستقامة أساس التعامل بين أفراد أسرتي.	4.13	0.60	18	مرتفعة
9	حفظ السر أساس التعامل بين أفراد أسرتي .	4.12	0.70	19	مرتفعة
19	الإحسان أساس التعامل بين أفراد أسرتي.	4.11	0.60	20	مرتفعة
17	الابتعاد عن السخرية والنميمة أساس التعامل بين أفراد أسرتي	4.10	0.66	21	مرتفعة
5	ألاستئذان أساس التعامل بين أفراد أسرتي .	4.09	0.64	22	مرتفعة
16	كظم الغيظ أساس التعامل بين أفراد أسرتي.	3.97	0.75	23	مرتفعة
	الدرجة الكلية	4.24	0.42		مرتفعة

يظهر من الجدول (7) أن درجة التزام شرائح من المجتمع الأردني بـبعض مبادئ السلوك الاجتماعي الإسلامي في مجال الأسرة كانت بشكل عام مرتفعة، إذ بلغ المتوسط الحسابي (4.24)،بانحراف معياري (0.42)، وقد جاءت فقرات هذا المجال في الدرجة المرتفعة من حيث الالتزام، إذ تراوحت المتوسطات الحسابية للفقرات بين (4.74 -3.97)، وقد جاءت بالرتبة الأولى الفقرة (23) وهـي:" إلقاء السلام أساس التعامل بـين أفراد أسرتي." بمتوسط حسابي(4.74) وانحراف معياري (0.60)، وفي الرتبة الثانية جاءت الفقرة(2)" الإيثار أساس التعامـل بـين أفـراد أسرتي." بمتوسط حسابي(4.44) بـانحراف معياري (0.66)، وجـاءت الفقرة(5)" ألاستئذان أساس التعامل بين أفراد أسرتي " بالرتبـة قبـل الأخـيرة بمتوسط حسابي (4.09) بانحراف معياري (0.64)، وفي الرتبة الأخيرة كانت الفقرة)16)" كظم الغيظ أساس التعامل بين أفراد أسرتي." بمتوسط حسابي(3.97) بانحراف معياري (0.75).

ثانيا: مجال المؤسسة:

الجدول (8)

المتوسطات الحسابية والانحرافات المعيارية والرتبة ودرجة التزام شرائح من المجتمع الأردني بفقرات مجال المؤسسة مرتبة تنازليا

درجة الالتزام	الرتبة	الانحراف المعياري	المتوسط الحسابي	الفقرة	الرقم
مرتفعة	1	0.99	4.41	إلقاء السلام أساس التعامل بالمؤسسة التي اعمل بها .	46
متوسطة	2	0.94	2.46	الإيثار أساس التعامل بالمؤسسة التي اعمل بها .	25
متوسطة	3	1.06	2.34	الابتعاد عن السخرية والنميمة أساس التعامل بالمؤسسة التي اعمل بها .	40
منخفضة	4	1.11	2.33	الطاعة بالمعروف أساس التعامل بالمؤسسة التي اعمل بها .	27
منخفضة	5	1.18	2.30	التواضع أساس التعامل بالمؤسسة التي اعمل بها .	29
منخفضة	6	1.23	2.26	الإخلاص أساس التعامل بالمؤسسة التي اعمل بها .	31
منخفضة	6	1.22	2.26	الاستقامة أساس التعامل بالمؤسسة التي اعمل بها .	42
منخفضة	8	1.29	2.24	الصبر أساس التعامل بالمؤسسة التي اعمل بها .	33
منخفضة	9	1.27	2.14	الاستئذان أساس التعامل بالمؤسسة التي اعمل بها .	28
منخفضة	9	1.33	2.14	كظم الغيظ أساس التعامل بالمؤسسة التي اعمل بها .	39
منخفضة	11	1.32	2.13	حفظ السر أساس التعامل بالمؤسسة	32

				التي اعمل بها .	

منخفضة	11	1.31	2.13	الصدق أساس التعامل بالمؤسسة التي اعمل بها .	34
منخفضة	13	1.26	2.12	إصلاح ذات البين أساس التعامل بالمؤسسة التي اعمل بها .	35
منخفضة	13	1.38	2.12	التعاون أساس التعامل بالمؤسسة التي اعمل بها .	37
منخفضة	13	1.40	2.12	الأمانة أساس التعامل بالمؤسسة التي اعمل بها	38
منخفضة	16	1.35	2.11	العدل أساس التعامل بالمؤسسة التي اعمل بها .	24
منخفضة	17	1.30	2.10	الأمر بالمعروف والنهي عن المنكر أساس التعامل بالمؤسسة التي اعمل بها .	41
منخفضة	18	1.24	2.09	الحياء أساس التعامل بالمؤسسة التي اعمل بها	43
منخفضة	18	1.27	2.09	الوفاء بالوعد والعهد أساس التعامل بالمؤسسة التي اعمل بها	44
منخفضة	18	1.31	2.09	الإحسان أساس التعامل بالمؤسسة التي اعمل بها .	45
منخفضة	21	1.25	2.07	النصيحة أساس التعامل بالمؤسسة التي اعمل بها .	30
منخفضة	22	1.26	2.05	صلة الرحم أساس التعامل بالمؤسسة التي اعمل بها .	36
منخفضة	23	1.18	2.00	الشورى أساس التعامل بالمؤسسة التي اعمل بها .	26
منخفضة		1.10	2.27	الدرجة الكلية	

يظهر مـن الجـدول (8) أن درجـة التـزام شرائـح مـن المجتمـع الأردني بـبعض مبـادئ السلوك الاجتماعـي الإسلامي في مجـال المؤسسـة التـي يعمـل بهـا الفـرد كانـت بشـكل عـام منخفضة، إذ بلغ المتوسط الحسابي (2.27)، بانحراف معياري (1.10)، وقد جاءت فقرات هـذا المجال بين الدرجـة المنخفضة والمرتفعة من حيث الالتزام، إذ تراوحـت المتوسطات الحسابية للفقرات بين (4.41 -2.00)، وقد جاءت بالرتبة الأولى الفقرة (46) وهي:" إلقاء السلام أسـاس التعامل بالمؤسسة التي اعمـل بهـا. " بمتوسط حسـابي (4.41) وانحـراف معياري (0.99)، وفي الرتبة الثانية جاءت الفقرة(25)" الإيثار أساس التعامل بالمؤسسة التي اعمل بها. " بمتوسط حسابي(2.46) بانحراف معياري (0.94)، وجـاءت الفقـرة(36)" صـلة الـرحم أسـاس التعامل بالمؤسسة التي اعمل بها" بالرتبة قبـل الأخيرة بمتوسط حسابي (2.05) بانحراف معياري (1.26)، وفي الرتبة الأخيرة كانت الفقرة (26)" الشورى أساس التعامل بالمؤسسة التـي اعمـل بها " بمتوسط حسابي(2.00) بانحراف معياري (1.18).

ثالثا: مجال المجتمع المحلي:

الجدول (9)

المتوسطات الحسابية والانحرافات المعيارية والرتبة ودرجة التزام شرائح من المجتمع الأردني
بفقرات مجال المجتمع المحلي مرتبة تنازليا

درجة الالتزام	الرتبة	الانحراف المعياري	المتوسط الحسابي	الفقرة	الرقم
مرتفعة	1	0.98	4.37	إلقاء السلام أساس التعامل مع أفراد المجتمع .	69
متوسطة	2	0.96	2.42	الإيثار أساس التعامل مع أفراد المجتمع .	48
متوسطة	3	1.09	2.40	إصلاح ذات البين أساس التعامل مع أفراد المجتمع .	58
منخفضة	4	1.06	2.33	الطاعة بالمعروف أساس التعامل مع أفراد المجتمع .	50
منخفضة	5	1.16	2.31	التعاون أساس التعامل مع أفراد المجتمع .	60
منخفضة	6	1.16	2.26	التواضع أساس التعامل مع أفراد المجتمع .	52
منخفضة	7	1.23	2.24	الأمر بالمعروف والنهي عن المنكر أساس التعامل مع أفراد المجتمع	64
منخفضة	8	1.15	2.21	كظم الغيظ أساس التعامل مع أفراد المجتمع .	62
منخفضة	9	1.31	2.16	صلة الرحم أساس التعامل مع أفراد المجتمع .	59
منخفضة	10	1.26	2.14	الحياء أساس التعامل مع أفراد المجتمع .	66
منخفضة	11	1.28	2.12	الأمانة أساس التعامل مع أفراد المجتمع .	61
منخفضة	11	1.32	2.12	الإحسان أساس التعامل مع أفراد المجتمع.	65

منخفضة	13	1.29	2.09	الاستئذان أساس التعامل مع أفراد المجتمع.	51
منخفضة	13	1.28	2.09	الصبر أساس التعامل مع أفراد المجتمع .	56
منخفضة	13	1.29	2.09	الوفاء بالوعد والعهد أساس التعامل مع أفراد المجتمع.	68
منخفضة	16	1.22	2.05	الشورى أساس التعامل مع أفراد المجتمع.	49
منخفضة	16	1.22	2.05	الابتعاد عن السخرية والنميمة أساس التعامل مع أفراد المجتمع	63
منخفضة	18	1.24	2.04	النصيحة أساس التعامل مع أفراد المجتمع.	53
منخفضة	18	1.25	2.04	حفظ السر أساس التعامل مع أفراد المجتمع .	55
منخفضة	20	1.31	2.03	العدل أساس التعامل مع أفراد المجتمع .	47
منخفضة	20	1.32	2.03	الصدق أساس التعامل مع أفراد المجتمع.	57
منخفضة	20	1.29	2.03	الاستقامة أساس التعامل مع أفراد المجتمع	67
منخفضة	23	1.23	2.00	الإخلاص أساس التعامل مع أفراد المجتمع .	54
منخفضة		1.08	2.24	الدرجة الكلية	

يظهر من الجدول (9) أن درجة التزام شرائح من المجتمع الأردني ببعض مبادئ السلوك الاجتماعي الإسلامي في مجال المجتمع المحلي كانت بشكل عام منخفضة، إذ بلغ المتوسط الحسابي (2.24)، بانحراف معياري (1.08)، وقد جاءت فقرات هذا المجال بين الدرجة المنخفضة والمرتفعة من حيث الالتزام، إذ تراوحت المتوسطات الحسابية للفقرات بين (2.00 -4.37)، وقد جاءت بالرتبة الأولى الفقرة (69) وهي:" إلقاء السلام أساس التعامل مع أفراد المجتمع " بمتوسط حسابي(4.37) وانحراف معياري (0.98)،

وفي الرتبة الثانية جاءت الفقرة(48)" الإيثار أساس التعامل مع أفراد المجتمع "
بمتوسط حسابي(2.42) بانحراف معياري (0.96)، وجاءت الفقرة(67)" الاستقامة أساس
التعامل مع أفراد المجتمع " بالرتبة قبل الأخيرة بمتوسط حسابي (2.03) بانحراف معياري
(1.29)، وفي الرتبة الأخيرة كانت الفقرة (54)" الإخلاص أساس التعامل مع أفراد المجتمع "
بمتوسط حسابي(2.00) بانحراف معياري (1.23).

النتائج المتعلقة بالسؤال الثالث والذي نصه :

هل توجد فروق ذات دلالة إحصائية عند مستوى الدلالة (α=0.05) بين متوسطات تقديرات الأفراد لدرجة تمسك المجتمع الأردني بالمبادئ السلوكية الاجتماعية الإسلامية تعزى لمتغيرات الجنس والمستوى التعليمي والعمر؟

متغير الجنس :

تم استخراج المتوسطات الحسابية والانحرافات المعيارية لإجابات أفراد عينة الدراسة، تبعا لمتغير الجنس، كما تم استخدام الاختبار التائي لعينتين مستقلتين والجدول (10) يوضح ذلك.

الجدول (10)

المتوسطات الحسابية والانحرافات المعيارية والقيمة التائية لإجابات أفراد عينة الدراسة تبعا لمتغير الجنس

المجال	الجنس	العدد	المتوسط الحسابي	الانحراف المعياري	قيمة (ت)	مستوى الدلالة
الاسرة	ذكر	130	4.27	0.45	1.00	0.32
	انثى	127	4.21	0.40		
المؤسسة	ذكر	130	2.34	1.14	1.04	0.30
	انثى	127	2.19	1.05		
المجتمع	ذكر	130	2.30	1.12	0.82	0.42
	انثى	127	2.19	1.03		
الدرجة الكلية	ذكر	130	2.97	0.78	1.09	0.28
	انثى	127	2.87	0.72		

تشير النتائج الواردة في الجدول (10) إلى عدم وجود فرق ذي دلالة إحصائية عند مستوى الدلالة (α=0.05) بين المتوسطين الحسابيين لإجابات أفراد عينة الدراسة تبعا لمتغير الجنس، في أي مجال من المجالات والدرجة الكلية استنادا إلى قيم)ت) المحسوبة إذ بلغت (1.09) للدرجة الكلية، وبمستوى دلالة يساوي (0.28)، و(1.00) لمجال الأسرة، و (1.04) لمجال المؤسسة، و(0.82) لمجال المجتمع المحلي، كل هذه القيم غير دالة إحصائية.

متغير المستوى التعليمي:

تم استخراج المتوسطات الحسابية والانحرافات المعيارية لإجابات أفراد عينة الدراسة، تبعا لمتغير المستوى التعليمي، والجدول (11) يوضح ذلك.

الجدول (11)

المتوسطات الحسابية والانحرافات المعيارية لإجابات أفراد عينة الدراسة تبعا لمتغير المستوى التعليمي

المجال	المستوى العلمي	العدد	المتوسط الحسابي	الانحراف المعياري
الاسرة	دون الثانوية العامة	48	4.24	0.32
	ثانوية عامة	56	4.23	0.38
	بكالوريوس	102	4.24	0.48
	دراسات عليا	51	4.25	0.44
	المجموع	257	4.24	0.42

المؤسسة	دون الثانوية العامة	48	1.69	0.74
	ثانوية عامة	56	2.18	1.10
	بكالوريوس	102	2.67	1.17
	دراسات عليا	51	2.10	0.93
	المجموع	257	2.27	1.10
المجتمع	دون الثانوية العامة	48	1.67	0.72
	ثانوية عامة	56	2.19	1.16
	بكالوريوس	102	2.65	1.14
	دراسات عليا	51	2.03	0.79
	المجموع	257	2.24	1.08
الدرجة الكلية	دون الثانوية العامة	48	2.53	0.51
	ثانوية عامة	56	2.87	0.78
	بكالوريوس	102	3.19	0.80
	دراسات عليا	51	2.79	0.58
	المجموع	257	2.92	0.75

يظهر من الجدول (11) وجود فروق ظاهرية بين المتوسطات الحسابية، لإجابات أفراد عينة الدراسة تبعا لمتغير المستوى التعليمي إذ حصل حملة درجة البكالوريوس على أعلى متوسط حسابي(3.19)، بانحراف معياري (0.80)، فيما حصل حملة الثانوية العامة على متوسط حسابي(2.87)، وبانحراف معياري (0.78)، ثم حملة الدراسات العليا إذ بلغ متوسطهم الحسابي (2.79)، وبانحراف معياري (0.58)، وأخيرا جاء حملة الشهادات دون الثانوية العامة إذ بلغ متوسطهم الحسابي (2.53)، وبانحراف معياري (0.51)، وللتأكد من أن الفروق بين المتوسطات الحسابية لدرجة تمسك المجتمع الاردني بالمبادىء السلوكية الاجتماعية الإسلامية ذات دلالة إحصائية تبعا لمتغير المستوى التعليمي، تم تطبيق تحليل التباين الأحادي (One Way ANOVA) والجدول (33) يبين نتائج الاختبار.

الجدول (12)

تحليل التباين للفروق بين إجابات أفراد عينة الدراسة تبعا لمتغير المستوى التعليمي

المجال	مصدر التباين	مجموع المربعات	درجات الحرية	متوسط مجموع المربعات	قيمة (ف) المحسوبة	مستوى الدلالة
الاسرة	بين المجموعات	0.012	3	0.004	0.021	0.996
	داخل المجموعات	45.785	253	0.181		
	الكلي	45.796	256			
المؤسسة	بين المجموعات	34.287	3	11.429	10.599	0.000*
	داخل المجموعات	272.818	253	1.078		
	الكلي	307.105	256			

المجتمع	بين المجموعات	35.654	3	11.885	11.551	0.000*
	داخل المجموعات	260.308	253	1.029		
	الكلي	295.962	256			
الدرجة الكلية	بين المجموعات	15.648	3	5.216	10.315	0.000*
	داخل المجموعات	127.930	253	0.506		
	الكلي	143.579	256			

تشير النتائج الواردة في الجدول (12) إلى وجود فروق ذات دلالة إحصائية عند مستوى الدلالة (α=0.05) بين المتوسطات الحسابية لإجابات أفراد عينة الدراسة تبعا لمتغير المستوى التعليمي، في الدرجة الكلية استنادا إلى قيم)ف) المحسوبة إذ بلغت (10.315) للدرجة الكلية، وبمستوى دلالة يساوي (0.000)، و(10.599) لمجال المؤسسة، و(11.551) لمجال المجتمع المحلي، كل هذه القيم دالة إحصائية، في حين لم توجد فروق ذات دلالة إحصائية في مجال الأسرة استنادا إلى قيمة)ف) المحسوبة إذ بلغت (0.021) وبمستوى دلالة يساوي (0.996). ونظرا لوجود فروق ذات دلالة إحصائية بين المتوسطات الحسابية في الدرجة الكلية، ومجال المؤسسة، ومجال المجتمع المحلي فقد تم تطبيق اختبار شيفيه لمعرفة عائديه الفروق، والجدول)13) يبين النتائج

الجدول (13)

نتائج اختبار شافيه للمقارنات البعدية للفروق بين إجابات أفراد عينة الدراسة لدرجة تمسك المجتمع الأردني بالمبادئ السلوكية الاجتماعية الإسلامية تبعا لمتغير المستوى التعليمي

المجال	المستوى التعليمي		بكالوريوس	ثانوية عامة	دراسات عليا	دون الثانوية العامة
		المتوسط	2.67	2.18	2.10	1.69
المؤسسة	بكالوريوس	2.67	-	*0.49	*0.57	*0.98
	ثانوية عامة	2.18		-	0.08	0.48
	دراسات عليا	2.10			-	0.41
	دون الثانوية العامة	1.69				-
المجتمع			2.65	2.19	2.03	1.67
	بكالوريوس	2.65	-	0.46	*0.62	*0.98
	ثانوية عامة	2.19		-	0.16	0.52
	دراسات عليا	2.03			-	0.36
	دون الثانوية العامة	1.67				-
الدرجة الكلية			3.19	2.87	2.79	2.53
	بكالوريوس	3.19	-	0.32	*0.40	*0.66
	ثانوية عامة	2.87		-	0.08	0.34
	دراسات عليا	2.79			-	0.26
	دون الثانوية العامة	2.53				-

(*) دالة إحصائيا عند مستوى (α =0.05)

يظهر من الجدول السابق (13) أن هناك فرقا ذا دلالة إحصائية عند مستوى الدلالة (α =0.05) بين متوسط إجابات حملة البكالوريوس، ومتوسط إجابات حملة الشهادات دون الثانوية العامة، وحملة الدراسات العليا، لصالح حملة البكالوريوس، في الدرجة الكلية، ومجال المؤسسة، ومجال المجتمع المحلي، إذ كانت الفروق بين هذه الفئات ذات دلالة إحصائية.

متغير العمر:

تم استخراج المتوسطات الحسابية والانحرافات المعيارية لإجابات أفراد عينة الدراسة، تبعا لمتغير العمر، والجدول (14) يوضح ذلك.

الجدول (14)

المتوسطات الحسابية والانحرافات المعيارية لإجابات أفراد عينة الدراسة تبعا لمتغير العمر

المجال	العمر	العدد	المتوسط الحسابي	الانحراف المعياري
الاسرة	اقل من 18 سنة	15	4.32	0.12
	من 29-18 سنة	100	4.21	0.44
	من45-30 سنة	108	4.24	0.39
	من70-46 سنة	34	4.28	0.55
	المجموع	257	4.24	0.42
المؤسسة	اقل من 18 سنة	15	1.61	0.62
	من 29-18 سنة	100	2.28	1.13
	من45-30 سنة	108	2.43	1.14

	من70-46 سنة	34	2.01	0.88
	المجموع	257	2.27	1.10
المجتمع	اقل من 18 سنة	15	1.61	0.81
	من 29-18 سنة	100	2.18	1.01
	من45-30 سنة	108	2.47	1.18
	من70-46 سنة	34	2.00	0.83
	المجموع	257	2.24	1.08
الدرجة الكلية	اقل من 18 سنة	15	2.51	0.50
	من 29-18 سنة	100	2.89	0.73
	من45-30 سنة	108	3.05	0.81
	من70-46 سنة	34	2.76	0.60
	المجموع	257	2.92	0.75

يظهر من الجدول (14) وجود فروق ظاهرية بين المتوسطات الحسابية، لإجابات أفراد عينة الدراسة تبعا لمتغير المستوى التعليمي إذ حصل من اعمارهم من45-30 سنة على أعلى متوسط حسابي(3.05)، بانحراف معياري (0.81)، فيما حصل من اعمارهم من18 - 29سنة على متوسط حسابي(2.89)، وبانحراف معياري (0.73)، ثم من أعمارهم من 46-70 إذ بلغ متوسطهم الحسابي (2.76)، وبانحراف معياري (0.60)، وأخيرا جاء من أعمارهم اقل من 18 سنة إذ بلغ متوسطهم الحسابي (2.51)، وبانحراف معياري (0.50)، وللتأكد من أن الفروق بين المتوسطات الحسابية لدرجة

تمسك المجتمع الأردني بالمبادئ السلوكية الاجتماعية الإسلامية ذات دلالة إحصائية تبعا لمتغير العمر، تم تطبيق تحليل التباين الأحادي (One Way ANOVA) والجدول (15) يبين نتائج الاختبار.

الجدول (15)

تحليل التباين للفروق بين إجابات أفراد عينة الدراسة تبعا لمتغير العمر

المجال	مصدر التباين	مجموع المربعات	درجات الحرية	متوسط مجموع المربعات	قيمة (ف) المحسوبة	مستوى الدلالة
الأسرة	بين المجموعات	0.247	3	0.082	0.457	0.713
	داخل المجموعات	45.550	253	0.180		
	الكلي	45.796	256			
المؤسسة	بين المجموعات	11.593	3	3.864	3.308	0.021*
	داخل المجموعات	295.512	253	1.168		
	الكلي	307.105	256			
المجتمع	بين المجموعات	13.936	3	4.645	4.167	0.007*
	داخل المجموعات	282.027	253	1.115		
	الكلي	295.962	256			
الدرجة الكلية	بين المجموعات	5.124	3	1.708	3.121	0.027*
	داخل المجموعات	138.455	253	0.547		
	الكلي	143.579	256			

تشير النتائج الواردة في الجدول (15) إلى وجود فروق ذات دلالة إحصائية عند مستوى الدلالة)α=0.05) بين المتوسطات الحسابية لإجابات أفراد عينة الدراسة تبعا لمتغير العمر، في الدرجة الكلية استنادا إلى قيم)ف) المحسوبة إذ بلغت (3.121) للدرجة الكلية، وبمستوى دلالة يساوي (0.027)، و(3.308) لمجال المؤسسة، و(4.167) لمجال المجتمع المحلي، وكل هذه القيم دالة إحصائية، في حين لم توجد فروق ذات دلالة إحصائية في مجال الأسرة استنادا إلى قيمة)ف) المحسوبة إذ بلغت (0.457) وبمستوى دلالة يساوي (0.713). ونظرا لوجود فروق ذات دلالة إحصائية بين المتوسطات الحسابية في الدرجة الكلية، ومجال المؤسسة، ومجال المجتمع المحلي فقد تم تطبيق اختبار شيفيه لمعرفة عائديه الفروق، والجدول (16) يبين النتائج

الجدول (16)

نتائج اختبار شافيه للمقارنات البعدية للفروق بين إجابات أفراد عينة الدراسة لدرجة تمسك المجتمع الأردني بالمبادئ السلوكية الاجتماعية الإسلامية تبعا لمتغير العمر

المجال			من-30 45سنة	من 29-18 سنة	من-46 70سنة	اقل من 18سنة
		المتوسط	2.43	2.28	2.01	1.61
المؤسسة	من45-30 سنة	2.43	-	0.15	0.42	*0.82
	من 29-18 سنة	2.28		-	0.27	0.67
	من70-46 سنة	2.01			-	0.40
	أقل من 18 سنة	1.61				-
المجتمع			2.47	2.18	2.00	1.61
	من45-30 سنة	2.47	-	0.29	**0.47**	**0.86***
	من 29-18 سنة	2.18		-	**0.18**	**0.57**
	من70-46 سنة	2.00			-	**0.39**
	اقل من 18 سنة	1.61				-
الدرجة الكلية			3.05	2.89	2.76	2.51
	من45-30 سنة	3.05	-	0.16	**0.29**	***0.54**
	من 29-18 سنة	2.89		-	**0.13**	**0.38**
	من70-46 سنة	2.76			-	**0.25**
	اقل من 18 سنة	2.51				-

(*) دالة إحصائيا عند مستوى (α =0.05)

يظهر من الجدول السابق (16) أن هناك فرقا ذا دلالة إحصائية عند مستوى الدلالة
($\alpha = 0.05$) بين متوسط إجابات مـن أعمارهـم مـن 30 – 45 سـنة، ومتوسـط إجابـات مـن
أعمارهم اقل من 18 سنة، لصالح من أعمارهم من 30 – 45 سنة، في الدرجة الكلية، ومجال
المؤسسة، ومجال المجتمع المحلي، إذ كانت الفروق بين هذه الفئات ذات دلالة احصائية.

الفصل الخامس

مناقشــة النتائـج

والتوصيـات

الفصل الخامس

مناقشة النتائج والتوصيات

يتضمن هذا الفصل مناقشة نتائج الدراسة وتفسيرها.

وقد هدفت هذه الدراسة إلى الكشف عن مبادئ السلوك الاجتماعي للمجتمع المسلم في القران الكريم، والسنة النبوية المطهرة، وبيان مدى التزام شرائح من المجتمع المعاصر بها وقد حاولت الدراسة تحقيق هذين الهدفين، من خلال الإجابة على أسئلتها ومناقشتها كما يلي :

السؤال الأول :ما مبادئ السلوك الاجتماعي للمجتمع المسلم في ضوء تعليمات القران الكريم والسنة النبوية المطهرة المبينة لها ؟

أشارت نتائج التحليل لهذا السؤال انه وصل الباحث إلى "مئة وأربعة وأربعين "مبدءا سلوكيا اجتماعيا وتم استخلاص بعضها حيث بلغت " ثلاثة وعشرين " مبدءا سلوكيا اجتماعيا

توصل الباحث إلى مبادئ السلوك الاجتماعي الإسلامي القويمة من كتاب الله وسنة رسوله الكريم

تم اشتقاق هذه المبادئ السلوكية الاجتماعية من كتاب الله وبيانها من السنة النبوية الشريفة، إذ تشكل في مجملها السلوك الإسلامي الذي ينبغي لإفراد المجتمع الأردني إتباعها والعمل بها، والالتزام في ممارساتهم وتتناول هذه المبادئ علاقة الفرد مع المجتمع، وعلاقة الفرد مع أخيه المسلم، والعلاقات الاجتماعية داخل الأسرة والمؤسسة.

وقد دعت هذه المبادئ المشتقة من القران الكريم والسنة المطهرة إلى الأخوة الصادقة داخل الأسرة وضرورة تمثل هذه المبادئ في الأسرة المسلمة لإشاعة جو من المحبة والتقدير والاحترام والود والعطف بين أفراد الأسرة، كما تدعو هذه المبادئ إلى ضرورة تمثل هذه المبادئ الإسلامية للفرد في العمل، والعمل على تكريسها داخل المجتمع من خلال معاملة الأفراد بلطف وتقدير واحترام، مما يضفي على العلاقات الاجتماعية جو من المحبة والود والتراحم والتعاطف.

السؤال الثاني :ما درجة التزام شرائح من المجتمع الأردني ببعض مبادئ السلوك الاجتماعي الإسلامي ؟

توصلت النتائج المتعلقة بدرجة التزام شرائح من المجتمع الأردني ببعض مبادئ السلوك الاجتماعي الإسلامي، بان درجة التزام شرائح من المجتمع الأردني ببعض مبادئ السلوك الاجتماعي الإسلامي كانت متوسطة بالدرجة الكلية، اذ بلغ المتوسط الحسابي (2.92)،بانحراف معياري (0.75) من خلال ما يلي :

أولا :مجال الأسرة: أن حصول مجال الأسرة على درجة مرتفعة في التزام أفرادها بمبادئ السلوك الاجتماعي الإسلامي، يعزيه الباحث إلى جملة من الأسباب منها :وجود سلطة داخل الأسرة ويمكن أن تساهم في انضباط السلوك الاجتماعي لدى الأفراد، وكذلك الأسرة يحكمها نوع من قوة الوازع الديني من حيث التأثر والتأثير بين أفرادها، واحترام الكبير والعطف على الصغير، ووجود نوع من التماسك الأسري داخل الأسرة يعطي دافع في

درجة التزام أفراد الأسرة بمبادئ السلوك الاجتماعي الإسلامي، وفي الأسرة يكون هناك نوع من التقارب الثقافي والفكري.

كما دلت النتائج المتعلقة بهذا المجال أن مبدأ إلقاء السلام حصل على درجة التزام مرتفعة في مجال الأسرة إذ دلت النتائج المتعلقة بفقرات هذا المجال أن الفقرة التي تنص على إلقاء السلام قد احتلت المرتبة الأولى في هذا المجال بدرجة التزام مرتفعة وقد يعزي الباحث ذلك إلى أن إلقاء السلام أصبح عرفا اجتماعيا داخل الأسرة، وهو نوع من القيم الاجتماعية السائدة داخل الأسرة، وشيوع المحبة والألفة والاحترام داخل الأسرة.

ثانيا :مجال المؤسسة :دلت النتائج المتعلقة بهذا المجال إلى أن مجال المؤسسة حصل على درجة التزام منخفضة ويعزي الباحث عدم التزام الأفراد بالمؤسسة بهذه المبادئ السلوكية الإسلامية لعدة أسباب منها :يحكم العلاقات داخل المؤسسة نوع من المصالح وإعطاء الجانب المادي الأولوية بين الأفراد، وعدم سيادة القيم الاجتماعية الإنسانية داخل المؤسسة، وطبيعة العلاقات السائدة التي يحكمها النفاق الاجتماعي، والتقرب إلى المدير لتحقيق مصالح شخصية، والتناقضات الفكرية والاجتماعية والثقافية بين الأفراد داخل المؤسسة . كما دلت النتائج المتعلقة بفقرات بفقرات هذا المجال أن الفقرة التي تنص على إلقاء السلام قد احتلت المرتبة الأولى في هذا المجال بدرجة التزام مرتفعة وقد يعزي الباحث ذلك إلى أن إلقاء السلام أصبح عرفا اجتماعيا وعادة بين الأفراد، ولا يكلف الفرد جهدا ماديا أو معنويا.

ثالثا :مجال المجتمع المحلي : دلت النتائج المتعلقة بهذا المجال إلى أن مجال المجتمع المحلي حصل على درجة التزام منخفضة ويعزي الباحث عدم

التزام الأفراد بالمجتمع بهذه المبادئ السلوكية الإسلامية لعدة أسباب منها:الفساد القيمي السائد بين الأفراد داخل المجتمع، شيوع الأنانية بين الأفراد في المعاملات الاجتماعية، عدم محبة الفرد لأخيه داخل المجتمع، سيادة الحسد والنفاق والواسطة والمحسوبية داخل المجتمع، شيوع الغش والظلم والاستبداد الاجتماعي بين الأفراد. كما دلت النتائج المتعلقة بفقرات هذا المجال إلى أن الفقرة التي تنص على إلقاء السلام احتلت المرتبة الأولى بدرجة التزام مرتفعة وقد يعزي الباحث ذلك إلى أن إلقاء السلام أصبح عادة اجتماعية، اما الفقرة التي تنص على فقرة الإخلاص قد احتلت المرتبة الأخيرة بدرجة منخفضة وقد يعزي الباحث ذلك إلى شيوع الفساد القيمي والأخلاقي بين الأفراد، وفساد الضمائر، وضعف الوازع الديني، والتعامل وفق الواسطة والمحسوبية والخيانة والنفاق الاجتماعي، واعتبار المادة هي الأساس في التعامل بين الأفراد.

السؤال الثالث :هل توجد فروق ذات دلالة إحصائية عند مستوى الدلالة (α =0.05) بين متوسطات تقديرات الأفراد لدرجة تمسك المجتمع الأردني بالمبادئ السلوكية الاجتماعية الإسلامية تعزى لمتغيرات الجنس والمستوى التعليمي والعمر ؟

1. متغير الجنس :

توصلت النتائج المتعلقة بهذا المتغير إلى عدم وجود فروق دالة إحصائيا في ممارسة الأفراد لمبادئ السلوك الاجتماعي وقد يعزي الباحث ذلك إلى تشابه البيئة بجميع مكوناتها بين الذكور والإناث سواء في مجال الأسرة أو المؤسسة أو المجتمع المحلي.

2- متغير المستوى التعليمي :

توصلت النتائج المتعلقة بهذا المتغير إلى وجود فروق دالة إحصائيا في درجة ممارسة الإفراد بمبادئ السلوك الاجتماعي الإسلامي تعزى لمتغير المستوى التعليمي، وكانت ما بين مستوى البكالوريوس ومستوى دون الثانوية ولصالح مستوى البكالوريوس ويعزي الباحث ذلك إلى عوامل فكرية وثقافية واجتماعية، وطبيعة العلاقات الاجتماعية السائدة في تلك الفترة، وطبيعة المهن الممتهنة من هولاء، لذا من البديهي ان يلتزم حملة البكالوريوس بمبادئ السلوك الاجتماعي بشكل أفضل ممن هم دون الثانوية العامة.

3.متغير العمر :

توصلت النتائج المتعلقة بهذا المتغير إلى أن هناك فروق دالة إحصائيا في درجة ممارسة مبادئ السلوك الاجتماعي الإسلامي تعزى لمتغير العمر وكانت الفروق ما بين مستوى (30-45)، ومستوى أعمارهم اقل من 18سنة ولصالح مستوى (30-45)ويعزي الباحث ذلك إلى أن الأفراد في المستوى العمري من (30-45)هم أكثر وعيا ونضجا في التعامل مع الآخرين، ،وكذلك يعود ذلك إلى خبرتهم الحياتية ورزانتهم ورجاحة عقلهم وحلمهم في التعامل، ومستوى ثقافتهم. في حين أن الأفراد ممن هم دون)18) ما زالوا في مرحلة المراهقة التي تمتاز بعدم النضج الفكري والاجتماعي والاستقرار، وعدم الثبات والتذبذب في التصرفات والأفعال، كما انهم غير مدركين لمبادئ السلوك الاجتماعي في تعاملهم مع الآخرين.

التوصيات :

نظرا للنتائج التي توصل إليها الباحث من خلال الإجابة عن أسئلة الدراسة، فانه يوصي بما يلي :

- نظرا لما أفرزته النتائج المتعلقة بالسؤال الأول فأوصي الباحث بضرورة تضمين المبادئ السلوكية الإسلامية المشتقة من القران الكريم والسنة النبوية الشريفة في مناهج مخطط لها تدرس في المدارس والجامعات وتخضع لرقابة هيئات حكومية.

- نظرا لما أفرزته النتائج المتعلقة بالسؤال الثاني والتي أظهرت التطبيق والالتزام المتوسط لمبادئ السلوك الاجتماعي الإسلامي، فان الباحث يوصي بضرورة تعزيز دور الأسرة في المجتمع من خلال التركيز على التنشئة الاجتماعية، والإيعاز للمسؤولين عن المؤسسات الرسمية والغير رسمية بتطبيق مبادئ السلوك داخل المؤسسات بشكل رسمي، وعمل خطط من خلال برامج توعية إعلامية، تهدف إلى تأهيل الموظفين وتعريفهم بكيفية التطبيق الفعلي لهذه المبادئ داخل الأسرة مع بعضهم البعض من خلال دورات تأهيل ومحاضرات.

نظرا لما أفرزته النتائج المتعلقة بالسؤال الثالث فأوصي بضرورة تعزيز دور المدرسة والاعتناء بالمناهج الدراسية وإعادة قولبتها التي تركز على غرس القيم الأخلاقية ومبادئ السلوك الاجتماعي داخل نفسية الطلبة، والاهتمام بهذه المناهج من الروضة حتى عمل الشخص، والعمل على نشر الوعي داخل المجتمع المحلي بضرورة الاهتمام الأمثل بهذه المبادئ السلوكية وفق برامج إعلانية ومحاضرات ومجالس الوعظ والإرشاد بضرورة تمسك الأفراد بهذه المبادئ الاجتماعية الإسلامية.

المصادر والمراجع

قائمة المصادر المراجع

- السنة النبوية الشريفة.

- ابن حجر، احمد بن علي العسقلاني. (2003). **فتح الباري بشرح صحيح الإمام ابو عبدالله محمـد بـن اسماعيل البخاري**. (تحقيق: محمد فؤاد عبدالباقي). بيروت: دار الكتب العلمية.

- ابن عاشور ، محمد الطاهر . (1978) . **تفسـير التحريـر والتنـوير** . تـونس، الشركة التونسـية للنشر والتوزيع ..

- أبو جلالة، صبيحي والعبادي، محمد. (2001). **أصـول التربيـة بـين الأصـالة والمعـاصرة**. ط1، الصفاة، مكتبة الفلاح للنشر والتوزيع.

- أبو الرب ، رياض . (1991) . **المعجم المفهرس لآيات القران الكريم** . اربد : مؤسسة أبو الرب لاستثمار براءات الاختراع الدولية .

- أبو داود ، سليمان السجستاني . (1952) . **سنن أبي داود** . القاهرة : مكتبـة ومطبعـة مصـطفى البـابي الحلبي .

- أبو رزق . حليمة .(1998). **المدخل إلى التربية** .ط1 ، السعودية : الدار السعودية للنشر والتوزيع .

- أبو زيد، نائل. (1991). **الأمن الاجتماعي من منظور القرآن الكريم**. رسالة ماجستير غـير منشورة. الجامعة الأردنية. الأردن.

- ابراهيم ،احمد .(1995).**دراسة في تنمية السـلوك الاجتماعـي الايجابي عنـد اطفـال الحلقـة الاولى في التعليم الاساسي** ،رسالة دكتوراة غير منشورة ،جامعة عين شمس ،مصر .

- أحمد، جمال. (1997). **دور المعلم التربوي في ضوء التربية الإسلامية**. رسالة ماجستير غـير منشورة. جامعة اليرموك. الأردن .

- احمد ، علي . (1997) . **التعليم والمعلمون** . الطبعة الاولى ،. دمشق : سوريا- دار الصابوني .

- احرشاو، الغالي. (2001). **الفكر التربوي المعاصر بين اكراهات الواقع ومطامح المستقبل**. مجلة العلوم التربوية والنفسية. 2 (3), ص 151-159.

- أيوب ،حسن .(2002).**السلوك الاجتماعي في الإسلام** .الطبعة الأولى .القاهرة :دار السلام .

- الألوسي ، نعمان والألباني ، محمد (1985) . **الآيات البينات في عدم سماع الأموات عند الحنفية السادات** . بيروت : المكتب الإسلامي

- البخاري ، ابو عبد الله محمد بن اسماعيل . (1987) . **صحيح البخاري** . ط1   (تحقيق : محمد فؤاد عبد الباقي ، وعبد العزيز بن باز) . السعودية : دار الفكر.

- بدارنة، حازم. (2001). **المبادئ التربوية في سياق القرآن الكريم والسنة الشريفة**، رسالة ماجستير غير منشورة. جامعة اليرموك. الأردن .

- بدران، شبل وكريم ،محمد .(2000).**تاريخ التربية وتاريخ التعليم** .القاهرة :دار المعرفة الجامعية.

- بدران، شبل وكريم ،محمد ,.)1996(. **أسس التربية** .الطبعة الأولى .الإسكندرية :دار المعرفة الجامعية .

- بركات ، لطفي .)1984(. **المعجم التربوي في الأصول الفكرية والثقافية للتربية** . بيروت : دار الفكر .

- بدوي، أحمد زكي. (1977) . **معجم مصطلحات العلوم الاجتماعية**. بيروت: مكتبة لبنان .

- بصول، سوزان. (2002). **المبادئ التربوية في تغيير السلوك الإنساني في ضوء التربية الإسلامية**. رسالة ماجستير غير منشورة. جامعة اليرموك. الأردن .

- بني خلف، هشام .(2002). **المبادئ الأخلاقية لتربية الفرد والمجتمع في سياق القرآن الكريم** . رسالة دكتوراه غير منشورة . جامعة اليرموك، الأردن .

- بني عيسى، زكريا. (2001). **مفهوم العدل في التربية الإسلامية وانعكاساتها التربوية**. رسالة ماجستير غير منشورة. جامعة اليرموك.الأردن .
- بني عامر . محمود .(1996). **الأسس الفكرية لأساليب تدريس التربية الإسلامية** .رسالة ماجستير غير منشورة .جامعة اليرموك ،الأردن
- بني عامر، محمد راشد حسين(2006). **الفكر التربوي والسياسات التعليمية لدى القادة الهاشميين ودورهما في التنمية الاجتماعية 1921-2005م**. رسالة دكتوراه غير منشورة، جامعة اليرموك، اربد-الأردن.
- بودين، روزنتال. (1987). **الموسوعة الفلسفية**. (كرم سمير، مترجم). بيروت: دار الطليعة.
- الترمذي ، ابو عيسى محمد بن عيسى . (1988) . **سنن الترمذي** . تحقيق : محمد ناصر الألباني وزهير الشاويش . الرياض : مكتب التربية العربي لدول الخليج .
- تركي, عبد الفتاح (2003), **فلسفة التربية مؤتلف علمي نقدي, القاهرة,** المكتبة الأنجلو المصرية .
- التل ،سعيد وآخرون .(1993).**المرجع في مبادئ التربية** .عمان :دار الشروق .
- التل ،شادية .(2006).**الشخصية من منظور إسلامي** .اربد دار الكتاب .
- جنيدل ،سعد .)1981). **أصول التربية الإسلامية :مقارنة مع نظريات التربية** .الرياض :دار العلوم .
- الجبار ،احمد .)1974). **دراسات في تاريخ الفكر التربوي** . الكويت : وكالة المطبوعات والنشر .
- جعنيني, نعيم (2004), **الفلسفة وتطبيقاتها التربوية,** ط1, عمان, دار وائل للنشر والتوزيع.
- جمال الدين ، نادية .(1996).**التسامح والتعليم والأمن البشري علاقة دائرية ورؤية نقدية** ،مجلة العلوم التربوية ،معهد الدراسات التربوية ،جامعة القاهرة،العدد 2و 3 ، مجلد2،ص53.

- جرادات ، عزت وأبو غزالة ، محمد وخيري ، عبد اللطيف .)1983) . **مدخل الى التربية** . الطبعة الأولى . عمان : دار الشروق .

- جميس ،وليام . (1965).**البرجماتية** .(محمد العرمان :ترجمة). القاهرة :دار النهضة العربية .

- الحموري ،فيصل .)2002). **المسئولية بين التربية الإسلامية والتربية الغربية** . رسالة ماجستير غير منشورة ،جامعة اليرموك ،الأردن .

- الحسيني ، فضل اللـه علي . (1978) . **الأخلاق الإسلامية** . ط2. بيروت – لبنان : دار الزهراء .

- الحاج محمد, أحمد (2001), **أصول التربية**, ط1, عمان, دار المناهج للنشر والتوزيع

- حجاج ،احمد عبد الفتاح .(1984).**النمو الخلقي والتربية الخلقية** .حولية كلية التربية ،دولة قطر :جامعة قطر ،السنة الثالثة ،العدد 3،ص 11 .

- حسان ,حسان و احمد,عبد السميع و سلمان,سعيد و الراوي,محمد .(2004). **أصول التربية**. الطبعة الثالثة . دار الكتاب الجامعي : الإمارات.

- الحياري ،حسن .(1994).**أسرار الوجود وانعكاساتها التربوية** .الطبعة الأولى .اربد :دار الأمل .

- الحياري، حسن .(2001). **معالم في الفكر التربوي للمجتمع المسلم: إسلاميا وفلسفيا**. الطبعة الأولى.اربد: دار الأمل.

- الحياري, حسن. (1993). **التربية في ضوء المدارس الفكرية**, اربد, دار الأمل.

- الخطيب ,جمال والحديدي ,منى .(1997).**تعديل السلوك** .الطبعة الأولى .عمان :جامعة القدس المفتوحة .

- خليل ، حامد .)1996). **المنطق البراجماتي عند تشارلز بيرس "مؤسس البراجماتية** ".الرياض :دار الينابيع .

- الخطيب,جمال(1991).**النظرية السلوكية:ما الذي يقوله ب.ف سكنر حقا**. السعودية: مكتبة الصفحات الذهبية.

- الخطيب،جمال. (1995). **تعديل السلوك الإنساني** .الطبعة الثالثة .بيروت :مكتبة الفلاح

- الخوالده ،محمود. (2004).**علم النفس الإسلامي** .عمان :دار الفرقان ..

- الداهري ،صالح. (2005). **علم النفس الإرشادي .نظرياته وأساليبه الحديثة** .الطبعة الأولى : عمان : دار وائل .

- دراوشة، صدام. (2005). **الأصول الاجتماعية للتربية من منظور إسلامي**. رسالة   ماجستير غير منشورة. جامعة اليرموك، الأردن.

- الراشدان ،عبدالله .(2004).**الفكر التربوي الإسلامي** .الطبعة الأولى .عمان : دار وائل .

- الراشدان ،عبد الله (2002). **تاريخ التربية** . الطبعة الأولى .عمان : دار وائل .

- الرشدان ، عبدالله .(1987). **المدخل الى التربية** . عمان : دار الفرقان .

- الرشدان ، عبد الله وجعنيني . نعيم . (1994). **المدخل الى التربية والتعليم** . عمان : دار الشروق .

- رشوان ، محمد . (1992) . **مدخل إلى دراسة الفلسفة المعاصرة** . القاهرة : دار الثقافة

- رجب ، مصطفى . (1998) . **نحو ثقافة إسلامية**. القاهرة : المطبعة الذهبية.

- رجب مصطفى . (1994). **الفلسفة البرجماتية وعلاقتها التربوية بالفكر الغربي** ، مجلة التربية . قطر (111) ، ص 144 _ 215.

- الروسان ،فاروق .(2000).**تعديل وبناء السلوك الإنساني** .الطبعة الأولى .عمان: دار الفكر.

- الرميضي- خالد جميل. (2004). **أسس التربية بين تناقض النظريات وإخفاق التطبيقات** ط10، الكويت: مكتبة الطالب الجامعي .

- الزيوت ، عبد الله . (2002). **الإحسان في القران الكريم " دراسة موضوعية** " . رسالة ماجستير غير منشورة ، جامعة آل البيت ، المفرق ، الأردن

- الزبيدي ،هيام .(1995).السلوك الاجتماعي المدرسي للتلاميذ ذوي الاحتياجات الخاصة ،رسالة ماجستير غير منشورة ،الجامعة الاردنية ،عمان ، الاردن .

- الأسمر ،احمد .(1997).فلسفة التربية في الإسلام .عمان : دار الفرقان .

- سعد، هاني صلاح. (2003). مبادئ السلوك التربوي في جامعة اليرموك، رسالة دكتوراه منشورة. جامعة اليرموك.دار الأمل: اربد.

- سلطان ،محمد السيد .)1996). الأهداف التربوية في إطار النظرية التربوية الإسلامية .القاهرة : دار الحسام للطباعة والنشر والتوزيع .

- سويف، مصطفى. (1983). مقدمة لعلم النفس الاجتماعي. القاهرة: مكتبة الأنجلو المصرية.

- سند ، عرفه .(1983) . مقدمة في العلوم السلوكية وتطبيقاتها في مجال الإدارة .القاهرة : جامعة الأزهر .

- السلمي ،علي .(1997).إدارة السلوك الإنساني .القاهرة :دار غريب .

- شطناوي ، عبد الكريم) 1990 . أسس التربية . الطبعة الاولى . عمان : دار صفاء.

- الشيباني ،عمر محمد .)1975) . تطور النظريات والأفكار التربوية . الطبعة الثانية . بيروت : دار الفكر .

- الشيباني ، عمر محمد .)1992) . فلسفة التربية الإسلامية . الطبعة الثانية ،. طرابلس : الدار العربية للكتاب .

- الشيباني ،عمر. (1988). فلسفة التربية الإسلامية, طرابلس, الدار العربية للكتاب.

- الشرقاوي ،أنور .(1988).التعلم ،نظريات وتطبيقات .الطبعة الثالثة.القاهرة :مكتبة الانجلو المصرية .

- شرقاوي ، معزوز . (1998) . أسس وأخلاقيات التعليم في ضوء التربية الإسلامية .رسالة ماجستير غير منشورة . جامعة اليرموك .اربد . الأردن .

- الشريفين، عماد.(2002). تعديل السلوك الإنساني في التربية الإسلامية، رسالة ماجستير غير منشورة. جامعة اليرموك. الأردن .

- الشلالده ،عوض .(1981).العلاقات الإنسانية ودورها في السلوك الإنساني .العراق :منشورات شركة كاظمة للنشر والتوزيع .

- طبش ،وصفي .(2007). الأسس الفكرية للنظام التربوي في الأردن ودرجة تطبيقها ومدى مواءمتها للفكر التربوي المعاصر.رسالة دكتوراه غير منشورة ،جامعة اليرموك .اربد .الأردن

- الظهيرات، يوسف .(2000). الأصول الفكرية للممارسات التربوية لدى أعضاء الهيئة التدريسية في كلية التربية في جامعة اليرموك. رسالة ماجستير غير منشورة. جامعة اليرموك. الأردن.

- العاني ،وجيهه .(2003).الفكر التربوي المقارن .الطبعة الأولى .عمان :دار عمار .

- العاني ،وجيهه .(1998).مفهوم التربية من وجهة نظر أعضاء هيئة التدريس في جامعتي اليرموك والعلوم والتكنولوجيا في الأردن . مجلة جامعة اسيوط ، العدد (14) ، ج2 ، ص26-57 .

- عبابنة، لؤي. (2001). التربية المعرفية للأطفال في الإسلام، دراسة تربوية، رسالة ماجستير غير منشورة. جامعة اليرموك. الأردن.

- عبد الباقي ، محمد فؤاد . (د.ت) . المعجم المفهرس لألفاظ القران الكريم. بيروت – مؤسسة مناهل العرفان، دمشق : مكتبة الغزالي .

- عبد الحفيظ ، محمد .(2006). الفلسفة والنزعة الإنسانية :الفكر البرجماتي نموذجا، الإسكندرية :دار الوفاء .

- عبد الدايم ، عبدالله .(1975). التربية عبر التاريخ . الطبعة الثانية . بيروت : دار الملايين .

- عبد الفتاح ،تركي. (2000).فلسفة التربية _مؤتلف علمي نقدي .القاهرة :مكتبة الانجلو المصرية .

- عبود ، عبد الغني .(1984).أخلاق المعلم والمتعلم في الإسلام ،المجلة التربوية ،جامعة الكويت ،الأعداد 1-3، مجلد 1،ص 13.

- عبد اللـه . عبد الرحمن .)1988(. **دراسات في الفكر التربـوي الإسلامي** . الطبعـة الاولى . بـيروت : موسسة الرسالة .

- عثامنة، صلاح. (2003). **النظام التربـوي، مفهومـه، عناصره، العوامـل المـؤثرة فيـه، النظام التربـوي الأردني (دراسة حالة).** جامعة العلوم والتكنولوجيا الأردنية

- عفيفي ،محمد .)1991(. في أصول التربية " **الأصول الثقافية للتربية** . القاهرة : مكتبة الانجلو المصرية .

- علي ، سعيد اسماعيل .(1982). **دراسات في التربية الإسلامية** .القاهرة :عالم الكتب .

- علي ، سعيد اسماعيل .(1983). **ديمقراطية التربية الإسلامية** .القاهرة :عالم الكتب.

- علي ، سعيد اسماعيل .(2004).**اتجاه الفكر التربوي الإسلامي** .القاهرة :دار الفكر العربي .

- العمايرة ،محمد .(2000).**أصول التربية التاريخية والاجتماعيـة والنفسـية والفلسـفية** .الطبعـة الأولى .عمان :دار المسيرة

- العمايرة، محمد حسن. (1999). **التربية والتعليـم في الأردن منـذ العهـد العثماني حتـى 1997** ، ط1، عمان، دار المسيرة للنشر والتوزيع .

- عواودة ،إسماعيل .(2006).**أنماط التنشئة الاجتماعية وعلاقتها بالقيم لدى طلبـة المـدارس الأساسـية في الأردن في ضوء بعض المتغيرات** .رسالة دكتوراه غير منشورة .جامعة عمان العربية ،الأردن

- العواودة، نهى. (2003). **الأساليب الإدارية للمؤسسات التربوية في المجتمع المسلم**. رسالة ماجستير غير منشورة. جامعة اليرموك. الأردن.

- العياصرة، وليد. (2005). **حقوق الإنسان في القرآن الكريم ودورها في التنشئة الاجتماعية في المجتمـع الأردني**. رسالة دكتوراه ، غير منشورة. جامعة اليرموك. الأردن.

- العياصرة، وليد. (2000). **الشورى في الإسلام ومدى وضوحها لدى عينة من المفكرين الأردنيين وبيان بعض ممارساتها التربوية** ،رسالة ماجستير غير منشورة ،جامعة اليرموك ،اربد الاردن
- العيسى، عاصم والحياري، حسن. (2000). **المبادئ التربوية للأسرة في ضوء التربية الإسلامية**. رسالة ماجستير منشورة. اربد: دار الأمل.
- الغمري ، ابراهيم .(1983). **السلوك الإنساني والإدارة الحديثة** .الطبعة الأولى . عمان :دار الشروق .
- فرحان ، محمد .)1989) . **الفكر التربوي المعاصر بين اكراهات الواقع ومطامع المستقبل** ، مجلة العلوم التربوية والنفسية ،2 (3)، ص151_ 159.
- فرج, عبد اللطيف. (2005). **نظم التربية والتعليم في العالم**، ط.1، عمان :دار المسيرة للنشر والتوزيع .
- فهمي ،محمد واحمد ،غريب .(1990).**السلوك الاجتماعي للمعوقين "دراسة في الخدمة الاجتماعي** ".المندرة البحرية :المكتب الجامعي ،القاهرة
- الفتلاوي ،سهيلة .(2005). **تعديل السلوك في التدريس** . الطبعة الأولى .عمان :دار الشروق.
- الفنيش ،احمد .)1979) .**أصول التربية** . ليبيا : الدار العربية للكتاب .
- فهمي ،محمد واحمد ،غريب .(1983).**السلوك الاجتماعي للمعوقين "دراسة في الخدمة الاجتماعية** "القاهرة :المكتب الجامعي الحديث .
- القاضي ،يوسف ويالجن ،مقداد .(1981).**علم النفس التربوي الاسلامي** .الرياض: دار المريخ .
- القائمي, علي. (1995). **أسس التربية**, ط1, (ترجمة عبد الكاضم لوبادي), بيروت, دار النبلاء .
- قزاقزة ، سليمان.)1997). **أسس تصميم المناهج في ضوء التربية الإسلامية**. رسالة ماجستير غير منشورة ، جامعة اليرموك. اربد. الاردن. .

- القرطبي، أبو عبد الله محمد بن احمد. (1993). **الجامع لأحكام القران**. بيروت – لبنان : دار الكتب العلمية .

- قطب، سيد. (1992). **في ظلال القران**. ط22 . بيروت : دار الشروق.

- كردي، عبدا لحميد. (2004). **الآثار الوجدانية والسلوكية للإيمان بأسماء الله الحسنى في القرآن الكريم "دراسة عقدية"** رسالة ماجستير غير منشورة. جامعة آل البيت.الأردن.

- الكيلاني، ماجد.)1998(. **فلسفة التربية الإسلامية " دراسة مقارنة بين فلسفة التربية والفلسفات التربوية المعاصرة "**. عمان : موسسة الريان.

- لبابنة، أحمد. (1998). **مفهوم المدارس الفلسفية للطبيعة الإنسانية وانعكاساتها على العملية التربوية**. رسالة ماجستير غير منشورة.جامعة اليرموك. الأردن.

- محروس، محمد.)2005(. **الإصلاح التربوي والشراكة المعاصرة من المفاهيم الى التطبيق**. القاهرة : دار الفكر العربي.

- محمد، محمد عوض. (2003). **فلسفة هيجل المثالية وتأثيرها في الفكر التربوي الغربي**, مجلة العلوم الاجتماعية والإنسانية, عدد 6 (11), 207-225.

- مدكور، علي. (1995). **فلسفة التربية واتجاهاتها ومدارسها**. القاهرة : عالم الكتب للنشر.

- مرسي, محروس. (1988). **التربية والطبيعة الإنسانية في الفكر الإسلامي وبعض الفلسفات الغربية**، ط1. دار المعارف.

- مرسي, محمد. (1982). **فلسفة التربية واتجاهاتها ومدارسها**, الطبعة الأولى. القاهرة: عالم الكتب للنشر.

- مرسي, محمد.)1977(.**أصول التربية الثقافية والفلسفية**. القاهرة : دار الكتب.

- مرسي, محمد. (1995). **فلسفة التربية واتجاهاتها ومدارسها**, القاهرة, الطبعة الثانية عالم الكتب للنشر.

- مرسي، محمد.)1980(. **تطور الفكر التربوي**. الطبعة الثانية. القاهرة : دار الكتب .

- مزعل، جمال.)1887(. **دراسات في التربية المقارنة**. عمان : دار الفكر .

- مرعي, توفيق والخوالدة, محمد وحسن, محمد ونشواتي, عبد المجيد. (1985). **مدخل في التربية**، ط1، وزارة التربية والتعليم وشؤون الشباب.

- المرزوق، عبد الصبور. (1995) . **معجم الأعلام والموضوعات في القران الكريم**. ط1. القاهرة : دار الشروق .

- مسلم، أبو الحسين القشيري النيسابوري. (1995). **صحيح مسلم**. ط1. ج4،ج14. بيروت : دار ابن حزم.

- المعايطة, عبد العزيز والحليبي, عبد الطيف. (2005). **مقدمة في أصول التربية**، ط1، مكتبة الفلاح للنشر والتوزيع.

- الماضي, منيب وموسى, سليمان.(1988). **تاريخ الأردن في القرن العشرين(1900-1959)**, ط2, عمان, مكتبه المحتسب.

- مغنية، محمد جواد. (1982). **معالم الفلسفة الإسلامية**. دار القلم : بيروت.

- مكروجل، وليم. (1961). **الأخلاق والسلوك في الحياة**. (جبران إبراهيم، مترجم). القاهرة: مكتبة مصر.

- ملحم ،احمد .(2003).**سلوكيات في القران والسنة** .الطبعة الأولى .عمان:دار النفائس.

- مطاوع، إبراهيم عصمت. (1991). **أصول التربية** ، الطبعة الأولى . القاهرة دار الفكر العربي.

- ناصر ,إبراهيم .(1990). **مقدمة في التربية**، ط7، الأردن: دار عمان للنشر والتوزيع

- ناصر ، ابراهيم .(1989). **أسس التربية** . الطبعة الثانية .عمان : دار عمان .

- ناصر, إبراهيم. (2004). **أصول التربية, الوعي الإنساني**، ط1، عمان, مكتبة الرائد العلمية.

- ناصر ، ابراهيم . (1988) . **أسس التربية** . عمان : جمعية عمال المطابع التعاونية .

- النجيحي ، محمد ..)1985(. **الأسس الاجتماعية للتربية** . الطبعة الثانية ،القاهرة : مكتبة الانجلو المصرية .

- النحلاوي ،عبد الرحمن .(1997).**أصول التربية الإسلامية وأساليبها**.دمشق :دار الفكر .
- النحوي ،عدنان .(2000). **التربية في الاسلام "النظرية والتطبيق** ".ط1.القاهرة :دار الفكر العربي .

- النوافلة، محمد. (1993). **السمات الشخصية والسلوك القيادي للخليفة عمر بن الخطاب رضي اللـه عنه**، رسالة ماجستير غير منشورة.جامعة اليرموك. الأردن.
- النووي ،محييء الدين يحيي . (1929) . **صحيح مسلم بشرح النووي**. ج13 ،ج14 . بيروت : مؤسسة مناهل العرفان – دمشق : مكتبة الغزالي .
- هنيدي ،صالح .)1995) . **أسس التربية** . الطبعة الثالثة . عمان : دار الفكر .
- الهزايمة، لـؤي. (1997). **دور التربيـة الإسـلامية في بنـاء العلاقـات الاجتماعيـة**. رسـالة ماجسـتير غـير منشورة. جامعة اليرموك. الأردن .
- ياسين، نبيه.(1979).**أبعاد متطورة للفكر التربوي** .مصر :مكتبة الخانجي .
- يوسف ، أحمد .)1985). **أسس التربية وعلم النفس** .الطبعة الثالثة . القاهرة : مكتبة الانجلو المصرية .

فهرس المحتويات

الفصل الأول

خلفية الدراسة وأهميتها

الفصل الثاني

الأدب النظري والدراسات السابقة

الفصل الثالث

الطريقة والإجراءات

الفصل الرابع

نتائج الدراسة

الفصل الخامس

مناقشة النتائج والتوصيات

فهرس الجداول

Printed in the United States
By Bookmasters